GET BACK!

知らないと大損!

サラリーマンが税金を取り戻す完全マニュアル

大村大次郎
(元国税調査官)

JN017950

宝島社

目次　知らないと大損！　サラリーマンが税金を取り戻す完全マニュアル

序章　この国に納税するのはバカバカしい

江戸時代の年貢より高いサラリーマンの税金……10
社会保険料は上げ放題……12
少子高齢化はなるべくしてなった……14
サラリーマンの増税は富裕層の大減税の穴埋め……18
フリーターより安い富裕層の税負担率……20
日本の金持ちは社会保険料の負担も著しく低い……23

第1章　ふるさと納税は必ずやろう

ふるさと納税制度という究極の節税術……28
実質2千円の負担で数万円の返礼品がもらえるケースも……30
各地の特産品がもらえる裏ワザ！……32
〝ふるさと納税〟の基本的な仕組み……33

ふるさと納税の限度額を知る方法……35
ふるさと納税制度の限度額の目安……37
ふるさと納税の方法……38
ネットショッピング感覚でできる特例とは？……41
申告の記載漏れに注意……42
ふるさと納税でもらえる主な特産品……44

第2章　紙切れ一枚で税金は戻ってくる

サラリーマンでも節税できる！……48
祖父母の兄弟でも扶養控除に入れることができる……50
40歳の息子でも扶養に入れることができる……51
同居していない老親を扶養に入れることもできる……53
子供の扶養を夫婦で分散しよう……56
リストラ失業中の夫は妻の扶養に入れよう……57
配偶者控除、扶養控除を受ける（増やす）手続き……59
意外と控除漏れが多い「社会保険料控除」……60
「雑損控除」も控除漏れが多い……62

ちょっとした被害でも税金還付になる……66
シロアリ駆除や雪下ろしの費用も控除される……69
生命保険は掛け捨てじゃない方がいい!?……71
保険の掛け方によって税金が2万〜3万円変わってくる！……74
民間の個人年金保険に入るとかなりお得！……77
民間の介護保険に加入すれば1万円の節税になる！……80
地震保険に入ったら81万円の節税になる！……81
サラリーマンも交際費が計上できるようになった！……84
特定支出控除の条件……86
退職時の税金の還付漏れは非常に多い！……89
申告をすれば還付になるケースとは？……92

第3章　温泉療養で節税　医療費控除を使い倒そう

医療費控除を使い倒せ！……96
普通の家庭でも3万〜4万円の税金還付がある！……99
医療費控除の対象となる市販薬、対象とならない市販薬……100
ビタミン剤、栄養ドリンクも医療費控除の対象になる……103

按摩、マッサージ、鍼灸も医療費控除の対象になる！……105
ＥＤ治療費も医療費控除の対象となる！……106
禁煙治療も医療費控除の対象となる！……107
薄毛治療は医療費控除の対象になるのか？……110
温泉療養で税金を安くする……111
スポーツ施設利用料も医療費控除の対象となる……113
交通費、タクシー代も医療費控除の対象になる……114
子供の歯の矯正もＯＫ……115
医療費控除のグレーゾーンを認めさせる方法……116
医療費10万円以下でも医療費控除を受ける方法……118

第4章　副業して税金還付　国税公認の無税スキーム

税金をゼロにすることもできる「副業節税」とは？……122
副業で赤字を出し、それを給料から差し引く……124
副業節税の条件……128
「事業の実態」は必要……130
事業で赤字が出ても損はしていない？……131
個人事業者の税金の決め方……133

主な経費の種類……135
事業のための機材や設備を整えよう……136
少しでも事業に関係していれば経費にできる……137
消耗品を購入しよう……140
自宅の家賃も経費にできる……141
家賃の6割程度を目安にする……142
交際費を最大限使おう……143
交際費は税務署に文句を言われやすい？……144
「視察旅行」を経費に計上する……146
携帯電話代を経費で落とす……147
本、雑誌も経費で落とす……148
節税の王様「経営セーフティ共済」……149

第5章　消費税を払わないで買い物をする方法

消費税を払わずに買い物をする方法……156
16666円までの個人輸入には消費税はかからない……157
海外旅行の爆買いで消費税を逃れる！……160

海外の免税品を20万円以上持ち帰る方法……162
日本商品を消費税抜きで買う方法……164
注意点「店舗や商品は空港によって全然違う」……167
副業して消費税を還付してもらう方法……168
消費税の基本的な仕組み……170
消費税は10％をそのまま納付するわけではない……173
起業したばかりのときは消費税が還付になることも……175
副業は消費税還付になるケースが多い……177
消費税の免税事業者とは？……179
あえて課税事業者になれば消費税還付を受けられる……180
コラム～インボイス制度は零細事業者への大増税～……181

第6章　iDECOとNISAを使いこなそう

iDECOって何？……186
iDECOの限度額……187
確定拠出年金は元本保証の運用も可能……189
なぜ確定拠出年金がスグレモノなのか？……190

年金運用益も非課税……192
年金を受け取るときも税金が安い……192
公務員も入れる……197
NISAとは？……200
NISAは危険なのか？……202
NISAのもう一つのデメリット……205
NISAを始める方法……206

第7章 還付の手続きは超簡単

税金還付を受ける二つの方法……210
サラリーマンの確定申告は税務署で相談しながら……212
領収書は税務署に見せない方がいい……214
税務署で申告書だけを作ってもらう方法……216
還付申告はいつでもできる……218
奥さんが代理で確定申告をすることも可能……219
最初に税務署に必要書類を問い合わせておこう……220
サラリーマンは5年前までさかのぼって確定申告できる……220
税金の払い過ぎは自分で言わないと還付されない……221

序　章

この国に納税するのは
バカバカしい

江戸時代の年貢より高いサラリーマンの税金

２０２３年の暮れ、自民党のパーティー券裏金問題が発覚しました。

この問題は、自民党の派閥のパーティーにおいて、所属議員にパーティー券のノルマを課し、そのノルマを超えた分については所属議員にキックバック（代金の返還）をしていたというものです。

しかもキックバックを受けた所属議員は、その代金を政治資金収支報告書に記載しておらず、裏金化していたのです。政治資金規正法違反だけではなく、脱税の疑いもあるという大事件です。

この裏金問題について国税庁は「キックバックされたお金に残額があれば申告しなければならない」と国会で答弁しました。つまり、政治資金として支給されたものだから、政治資金として費消されていなければそれは所得として申告しなければならない、ということです。

国税庁は、そうはっきり述べたにもかかわらず、裏金議員たちのキックバックされたお金について、どうなったのかをまったく調査する気配がありません。

国税庁は、一般市民に少しでも脱税の疑いがあればすっ飛んで調査をしに行きます。しかし、国会議員の場合は、かなり濃厚に脱税の疑いがあるのに、まったく動こうとしないのです。

これは、「法の下の平等」をうたった憲法にすら違反する重罪です。

国税庁は憲法違反状態だともいえます。

その一方で、国民には増税につぐ増税を繰り返してきました。

特にサラリーマンの税金、社会保険料は、本当に高いです。

現在、サラリーマンの方々の給料には、莫大な税金、社会保険料がかかっています。

平均的なサラリーマンの方で、所得税がだいたい10%、住民税が10%です。つまり、税金だけで20%も取られているのです。

そして、それに社会保険料がかかってきます。社会保険料は、健康保険と厚生年金を合わせて約30%です。

この30%は、会社側と折半して負担するという建前になっています。が、会社としては人件費の中でこれを支払うので、社員にとっては、本来、自分がもらえるはずのお金から支払われているのであり、自分が負担しているのと同様のことになります。

税金、社会保険料を合計すると約50%なのです。

しかもこれに消費税が加わるのです。消費税は、収入のうち消費に回す割合が高い人ほど負担が大きくなる逆進税です。収入のほとんどを消費に回す人は、収入に10％の税金をかけられているのとほぼ同じになります。

つまり、所得税、住民税、社会保険料、消費税などを合わせると50％を超えるのです。これ、あまりに高すぎませんか？

この負担率は、江戸時代の農民の年貢よりも高いのです。

江戸時代は4公6民などといわれていますが、実際の徴税はそれよりも緩かったことがわかっており、だいたい3公7民くらいだったと見られています。

このように「百姓は搾り取れるだけ搾り取れ」と言われていた、江戸時代の農民の方が、今のサラリーマンよりも、税は安かったようなのです。

社会保険料は上げ放題

前項では、現在の税金、社会保険料は、江戸時代の農民よりも高いと述べましたが、特に社会保険料の高さは目に余る、といえます。

この社会保険料は、近年、急激に上げられてきたのです。

健康保険は、2002年には8・2％でしたが、現在は10・0％です。しかも、40歳以上の場合は、介護保険の1・58％が加わっているので、合計で11・58％となっているのです。

つまり8・2％だったものが、11・58％になっているのです。20年の間に、実に4割以上の値上げです。

厚生年金は、1980年までは会社と社員の負担分を合わせて9％程度、2004年には13・934％でした。しかし、近年急激に上昇し、2017年以降は18・3％になっています。1980年と比べれば倍になっていますし、2004年と比べても4割近い値上げです。

高額所得者の所得税は、バブル期に比べればかなり下げられてきているので、社会保険料だけがこんなに上げられているのは異様です。

なぜ社会保険料だけが、これほど急激に上げられたのかわかりますか？

少子高齢化のため？

いえ、違います。

もし少子高齢化で財源が必要だというのなら、一方で高額所得者の所得税が下げられてきたのは説明がつきません。

正解は「社会保険料というのは、上げやすいから」です。

国民は、「税金を上げる」というと非常に反発します。しかし、税金と同じ性質を持つけれども、税金と名のつかないものに対しては、けっこう鈍感なのです。特に社会保険料の場合は、「少子高齢化のために値上げは仕方がない」と宣伝すれば、国民は簡単に信じ込んでしまいます。

そのため、これほど無茶な上昇となっているのです。

少子高齢化はなるべくしてなった

これだけ高い税金、社会保険料を払っても、ちゃんとそれに見合う行政サービスが受けられているのであれば、国民としても納得できます。が、決してそのようなことはないのです。

2024年4月に台湾で地震が起きたときに、避難所に立派なテントが早急に設置されて、びっくりした日本人も多かったと思います。そのちょっと前に起きた日本の能登半島地震では、かなり長い間、避難者たちは体育館などに雑魚寝同然の状態に置かれていたからです。

「高い高い税金はいったい何に使われたのだ？」

と思った人も多いはずです。

もはや、この国は末期症状に来ているのかもしれません。

元官僚としていっておきますが、「政治家や官僚に任せておけば大丈夫」などと思ってはなりません。

多くの日本人は、「なんやかんやいっても、日本の指導者も悪いようにはしないはず」と思っています。が、もし、そうであるなら、ここまで少子高齢化が深刻化するまで放置したりはしないはずです。

もう何十年も前から、日本が少子高齢化になるということはわかっていたのです。にもかかわらず、政治家や官僚たちは、その日暮らしの問題先送りを続けてきたのです。そして、いまだに、少子高齢化問題に対して本気で取り組もうとはしていないのです。

ご存じのように現在日本は深刻な少子化問題を抱えています。出生率は先進国では最悪のレベルであり、世界最悪のスピードで高齢化社会を迎えつつあります。

政府も、この少子高齢化を理由にして増税を繰り返してきました。

この少子化については、「日本人のライフスタイルが変わったから」と考えている人も多いようです。確かに、ライフスタイルの変化によって晩婚化、非婚化が進んだという面もあります。

先進主要国の家族関係社会支出（GDP比）

日本	1.29％
アメリカ	0.65％
ドイツ	2.28％
フランス	2.96％
スウェーデン	3.54％
イギリス	3.57％

出典：国立社会保障・人口問題研究所「社会費用統計」2016年版
※家族関係社会支出とは児童手当や就学前児童への給付、各種社会保障、社会福祉などへの支出のこと

しかし、晩婚化、非婚化というのは、女子教育の進んだ先進国ではどこにでも見られるものです。日本が先進国の中でもっとも少子化が進んでいる理由にはならないのです。

実は日本が先進国の中で少子化が進んだのは、「政治の無策」が最大の要因なのです。

日本では半世紀近く前から、「このままでは少子高齢化になる」ということがわかっていながら、有効な対策を講じてきませんでした。

半世紀前、日本よりもはるかに深刻な少子化となっていたヨーロッパ諸国は、この50年の間、様々な子育て対策を行い、現在、出生率は持ち直しつつあります。

上の表は、先進主要国の家族関係の社会支出のＧＤＰ比です。これを見ると、日本はヨーロッパ主要国に比べて、かなり低いことがわかるはずです。ヨーロッパ主要国は少子化を食い止めるために政府がそれなりにお金と労力をかけているのです。

欧米諸国のほとんどは、１９７０年代の出生率のレベルを維持してきました。だから、日本ほど深刻な少子高齢化にはなっていないのです。

１９７５年の時点で、日本の出生率はまだ2を少し上回っていました。フランスは日本より若干高いくらいでしたが、イギリスもアメリカもドイツも日本より低く、すでに出生率が2を下回っていたのです。

しかし、フランス、イギリス、アメリカは、大きく出生率が下がることはなく、現在、出生率は2に近くになっています。

一方、日本は70年代から急激に出生率が下がり続け、現在は１・４を切っています。もちろん、出生率が2に近いのと、１・４以下とでは、少子高齢化のスピードがまったく違ってきます。

なぜ先進国の間でこれほどの差がついたかというと、日本はこの40年の間に、子育てを支援するどころか、わざわざ少子高齢化を招き寄せるような失政をしてきたからです。

たとえば、日本の大学の授業料はこの50年の間に、12倍にも高騰しています。

また20年以上も前から社会問題となっていた待機児童問題は、わずか２０００億円の財政支出もあれば解決するものだったのですが、政府はたったそれだけのお金を出しませんでした。その結果、20年以上も待機児童問題は解決せず、子供の数が減ることによって解決するという最悪の結末を迎えました。

しかも平成元年に導入され、たびたび税率が上げられてきた消費税は、子育て世代にもっともダメージが大きい税金なのです。人生のうちでもっとも消費が大きい時期というのは、大半の人が「子供を育てている時期」のはずです。そういう人たちは、必然的に収入に対する消費割合は高くなりますし、消費税の負担割合も高くなるのです。

国はこの50年の間、子育てがしにくくなるような政策ばかりを講じてきたのです。

サラリーマンの増税は富裕層の大減税の穴埋め

日本は増税増税を繰り返してきたのに、少子高齢化対策にはお金は使われていない、では一体何にお金を使ってきたのでしょうか？

ざっくりいえば、富裕層の減税の穴埋めに使われたのです。

あまり知られていませんが、富裕層の税金はこの20数年の間、大幅に減額されているのです。富裕層の税金は、ピーク時比べれば40％も減税されているのです。

昨今の日本は景気が低迷し、我々は増税や社会保険料の負担増に苦しんできました。当然、富裕層の税金も上がっているんだろう、と思っている人が多いでしょう。

しかし富裕層の税金は、ずっと下がりっぱなしなのです。

1980年と2024年の収入1億円の人の税率の違い

	所得税	住民税	合計負担額
1980年	75%	13%	88%
2024年	45%	10%	55%

これでは格差が広まって当然なのです。

なぜ富裕層の税金が下げられてきたかというと、富裕層は経済団体などを通じて、国に「税金を下げろ」という圧力をかけてきたからです。経済団体は多額の政治献金を行っており、政治家にとって大事なスポンサーです。また天下り官僚もたくさん受け入れています。

だから、経済団体のいうことは、政治家も官僚も最優先で実行するのです。

バブル崩壊以降に、富裕層に行われた減税の内容を説明しましょう。

表のように所得が1億円の人の場合、１９８０年では所得税率は75％でした。しかし86年には70％に、87年には60％に、89年には50％に、そして現在は45％まで下げられたのです。

また住民税の税率も、ピーク時には18％だったものが、今は10％となっています。

そして、この減税分はほぼ貯蓄に向かったといえます。富裕層というのは、元からいい生活をしているので収入が増えたところでそれほど消費には回されません。だから、減税されれば、それは貯蓄に向かうのです。

その結果、今の日本は「景気が悪いのに個人金融資産が激増」ということになったのです。

フリーターより安い富裕層の税負担率

そして実は今、日本でもっとも税金を払っていないのは富裕層です。

こういうことを述べると
「日本の金持ちは決して優遇されてはいない」

「日本の金持ちは世界でもトップレベルの高い税金を払っている」

と反論する人もいるでしょう。

インターネットの掲示板などでも、日本の富裕層は世界一高い所得税を払っている、というような意見をよく目にします。

しかし、これはまったくデタラメです。

確かに、日本の所得税の税率は、世界的に見て高くなっています。

しかし、これには、カラクリがあるのです。

日本の富裕層の所得税には様々な抜け穴があって、名目税率は高いのだけれど、実質的

年収5億円配当収入者と年収200万円フリーターの税負担

	年収5億円の配当収入者	年収200万円のフリーター
所得税、住民税	約20%	約6%
社会保険料	約0.5%	約15%
収入に対する消費税負担率	約1%	約8%
合計	約21.5%	約29%

現行税制に照らし著者が作成

な負担税率は驚くほど安いのです。

むしろ、日本の富裕層は先進国でもっとも税金を払っていないといえます。

確かに日本の税制では、富裕層の最高税率は55%である（所得税と住民税を合わせて）。最高税率55%というのは、先進国ではトップクラスであり、これだけを見れば日本の金持ちはたくさん税金を払っているように見えます。

しかし、日本の金持ちの場合、税制に様々な抜け穴があり、実質的な税負担は欧米の先進国よりもかなり低いものとなっているのです。

というより、日本の超富裕層の実質的な税負担は、なんとフリーターよりも安いのです。

上の表は、年収5億円の配当収入者と年収200万円のフリーターの実質的な税負担の比較です。

配当収入者というのは、大企業の株などをたくさん持ち、多額の配当などを得ている人のことです。富裕層の多くはこういう形で収入を得ています。

この表を見ると、富裕層は所得税、住民税自体が非常に安いことがわかるはずです。高額所得者の名目上の最高税率は55％なのですが、配当所得者は約20％なのです。

日本には、配当所得に対する超優遇税制があります。

配当所得は、どんなに収入があっても所得税、住民税合わせて一律約20％でいいことになっているのです。これは平均的サラリーマンの税率とほぼ同じです。

これは、配当所得を優遇することで、経済を活性化させようという小泉内閣時代の経済政策によるものです。

先ほど述べたように、富裕層の収入は持ち株の配当によるものが多くなっています。特に経済団体の会員の多くは配当収入を主な収入源としています。

だから富裕層の大半は、この優遇税制の恩恵を受けているのです。

また配当所得者に限らず、「経営者」「開業医」「地主」など富裕層の主たる職業ではだいたい税金の大きな抜け穴が用意されています。名目通りの高額の税率を払っている富裕層はほとんどいないといっていいでしょう。

岩波新書の「日本の税金」三木義一著でも、日本の所得税は一応累進課税になっており、所得1億円までは税率が上がっていきますが、1億円を超えると急激に税率が下がるというデータが載せられています※。所得1億円の人の実質税負担率は28・3％だが、所得100億円の人は13・5％まで下がるのです。なぜ所得が高い人の実質負担率が下がるかというと、何度も触れたように所得が高い人は「配当所得」の割合が高くなるからです。

※このデータは、政府の諮問機関である日税専門家委員会に提出された資料です。2008年当時とは若干、税制は変わっていますが、基本的には富裕層優遇が続いているので、今でも大差ないと考えられます。

日本の金持ちは社会保険料の負担も著しく低い

そして富裕層の実質税負担が少ないもう一つの要因が社会保険料です。

国民の税負担を検討する上では、税金と同様の負担である社会保険料も含めたところで、考えなくてはなりません。

社会保険料というのは日本の居住者であれば、一定の条件のもとで必ず払わなくてはならないものです。そして社会全体で負担することで、社会保障を支えようという趣旨を持っており、まさに税そのものなのです。国民健康保険の納付書などには「国民健康保険税」と記されています。

そして社会保険料の負担率を加味した場合、「富裕層優遇」というのは、さらに鮮明になります。

今、国民の多くは、社会保険料の高さに苦しんでいます。

社会保険料は年々上がり続け、税金と社会保険料を合わせた負担率は50％近くにのぼっています。

「日本は少子高齢化社会を迎えているのだから、社会保険料が高くなるのは仕方がない」国民の多くは、そう思って我慢しているはずです。

しかし、しかし、富裕層の社会保険料の負担率は、驚くほど低いのです。5億円の配当収入者ではわずか0・5％に過ぎないのです。

現在の社会保険料は、原則として収入に対して一定の割合で課せられています。たとえば厚生年金の場合は約8％です。

しかし社会保険料の対象となる収入には上限があります。

たとえば国民健康保険の場合は、介護保険と合わせて約100万円です。つまりいくら収入があろうが100万円以上の保険料は払わなくていいのです。

国民健康保険の上限に達する人は、だいたい年収1200万円程度とされています。ということは、1億2000万円の収入がある人の負担率は、年収1200万円の人の10分の1でいいのです。6億円の収入がある人は、50分の1でいいのです。

収入が増えれば増えるほど、社会保険料の負担率は無料のように安くなっていくのです。

社会保険料の上限制度というのは、ほかの先進諸国にもありますが、欧米の先進諸国では、社会保険料の負担の多くを企業が担っています。企業が社会保険料の大半を担っているということは、間接的に株主が担っているということであり、富裕層が担っているということになります。

が、日本の場合、サラリーマンの社会保険料は企業と社員が折半となっているし、そもそもフリーターなどの場合は、会社から社会保険に入られないことが多く、全額自費で払っていることが大半です。

また21ページの表にあるように、金持ちは消費税の負担率も非常に低くなっています。

消費税の場合、低所得者は収入のほとんどを消費に回してしまうので、「収入に対する税負担率」は限りなく消費税率に近づくのです。

しかも日本の消費税は、ヨーロッパ諸国の間接税のような生活必需品の税率を非常に低く抑えるというような配慮もありません。だから、低所得者の消費税負担率はほぼ10%になるのです。

その一方で、富裕層は消費するのは収入のごく一部であり、収入の大半は貯蓄や投資に充てられます。年収5億円の人が年間1億円を消費し、残りの4億円は貯蓄や投資に充てた場合は、収入に対する消費税負担率は2%になります。

つまり収入に対する消費税負担率で見た場合、年収200万円のフリーターの方が、年収5億円の配当所得者よりも何倍も高いのです。

このように、日本の税制というのは、よくよく詰めていくと、金持ちがものすごく優遇されているのです。

第1章

ふるさと納税は必ずやろう

ふるさと納税制度という究極の節税術

サラリーマンが税金を安くしたいと思ったとき、まず最初に知ってほしいのが「ふるさと納税」です。

現在の税制では、「ふるさと納税制度」というものがあります。

これは、自分が好きな自治体に寄付をすれば、その分、所得税、住民税が安くなるという制度です。

最近では「ふるさと納税専用の業者」などが、宣伝していますので、ご存じの方も多いはずです。ふるさと納税というのは、住民税の所得割をだいたい5万円以上払っている人であれば、得をします。

このように「ふるさと納税」は、普通のサラリーマンであればほぼ誰でも大きなメリットがあるのですが、まだそれほど普及していません。

テレビCMなんかでバンバン流れていますし、みんなやっているようなイメージがありますが、そうではないのです。ふるさと納税の利用者は令和5年度で約891万人です。住民税所得割の納税者が約6000万人ですから、対象者の6～7人に1人くらいしか利用していないのです。

ふるさと納税制度のメリットというのは、ざっくりいえば、

「自分の好きな市区町村に寄付をすれば、その寄付額に応じて返礼品がもらえる」

「寄付金は所得税、住民税から控除されるので実質の負担額は２千円で済む」

「返礼品は２千円よりも高額なものが多いので得をする」

ということです。

このふるさと納税制度は、具体的にいえば、自治体に寄付をすれば、所得税、住民税などが寄付金からマイナス２千円した額が還ってくるというものです。

たとえば、３万円寄付した場合、そのマイナス２千円、つまり２万８千円が還ってくるのです。だから実質的に負担した金額は２千円なのです。

都会の人に、自分のふるさとに寄付をしてもらい、地方の財政を充実させよう、ということで、このふるさと納税制度は始められました。

が、このふるさと納税制度は、自分のふるさとに限らず、自分の好きな自治体に寄付をしてもいいのです。だから、震災の被災地などに寄付をしても、いいわけです。

この〝ふるさと納税制度〟、実はうまく使えば、非常な「実質的節税」になるのです。

実質2千円の負担で数万円の返礼品がもらえるケースも

「寄付した額から、2千円差し引いた額が戻ってくるんだったら、2千円マイナスじゃないか、節税にはならないじゃないか」

と思う人もいるでしょう。

まあ、最後まで聞いてください。

実は、ふるさと納税制度には、裏メリットがあるのです。

ふるさと納税制度を利用して、自治体に寄付をした場合、自治体側が御礼として、特産品を贈るということがあるのです。

1万~3万円程度の寄付をすれば3千円~9千円程度の特産品をもらえることになっています。

となると、もう一回、計算しなおしてみてください。

繰り返しますが、ふるさと納税制度では、寄付金マイナス2千円の税金が還ってきます。だから実質的な寄付金額は2千円です。

もし1万円を寄付しても、実質的な負担は2千円で済むわけです。

でも、１万円の寄付をすれば、３千円相当の特産品がもらえます。つまり２千円程度の負担で、３千円分の特産品がもらえるということなのです。

またふるさと納税は寄付金が多いほど、得をする仕組みになっています。１万円寄付しても３万円寄付しても、還付金があるので、実質的な負担は２千円でいいのです。

３万円の寄付をすれば９千円相当の特産品がもらえます。つまり、２千円程度の負担金で、９千円分の特産品がもらえるということなのです。

３万円も寄付すればかなり価値のある返礼品がもらえるのです。たとえば、お米などの場合は普通にその地域の銘柄米30キロ以上が送られてきます。銘柄米30キロというと１万５千円くらいします。つまりは、２千円払うことで銘柄米30キロをもらえるのと同様になるのです。

各自治体は様々な特産品を用意しています。肉、魚、米、野菜、地酒、うどん、ジャムなどの食料品から、温泉の入浴券、レストランの食事券など、誰もが何かしら欲しいものが用意されています。

自治体のホームページなどに行けば、それを見ることができます。

また最近では、ふるさと納税の特産品を集めたサイトも多々あります。そういうサイトを見ながら、自治体に寄付をすればいいのです。

これほどわかりやすく大きなメリットがあるのに、なぜやってない人が多いかというと、やはり手続きの面倒さが最大の要因でしょう。特にサラリーマンの方は、大半が確定申告をしたことがないので「申告をする」ということが高いハードルになっているようです。

しかし、ふるさと納税の手順は、決して面倒なものではありません。

各地の特産品がもらえる裏ワザ！

このふるさと納税制度には、美味しい裏ワザがあります。

というのは、先ほど述べましたように「1万円前後の寄付をすれば、3千円程度の特産品がもらえる」ということが多いのですが、これは複数の自治体に使えるのです。

つまり、1万円の寄付を4つの自治体にした場合、それぞれから3千円程度の特産品が合計1万2千円分もらえるわけです。

で、4つの自治体にそれぞれ1万円寄付した場合、寄付金は4万円になりますが、3万8千円が寄付金控除で戻ってくるので、実質負担額は2千円です。つまりは、2千円の負担額で、1万2千円分の特産品がもらえるというわけです。

たとえば、ある人が、北海道利尻富士町、宮城県気仙沼市、埼玉県幸手市、長野県下條村にそれぞれ1万円ずつ合計4万円寄付したとします。すると、これらの市町村からそれそれコシヒカリなど合計1万2千円分の特産品が送られてきます。

そして、後で、国と自治体から、税金3万8千円が戻ってきます。つまりは、たった2千円の負担で、4つの自治体の特産品1万2千円分がゲットできるのです。

また寄付金の額は4万円に限りません。

5万円寄付してもいいし、6万円寄付してもいいのです。5万円寄付しても、6万円寄付しても税金の還付がありますので、実質負担金は2千円なのです。5万円寄付すれば2万5千円分の特産品がもらえるし、6万円寄付すれば、3万円相当の特産品がもらえるのです。

ただし、ふるさと納税制度では還付金に限度額があります。還付される税金は、住民税の所得割の2割が限度となっているのです。だから、いくら寄付しても、住民税所得割の2割以上は還ってこないのです。

その点に注意をしなければなりません。住民税所得割については、後ほど詳しく説明します。

“ふるさと納税”の基本的な仕組み

では、ふるさと納税の基本的な仕組みについてご紹介しましょう。

ふるさと納税制度の計算方法は以下の通りです。

寄付金額－2千円＝住民税等から控除される額（還付される税金）

本当は、もっと複雑な数式が絡み合っているのですが、整理するとこういうことになります。

もし1万円の寄付をすれば、8千円の税金が戻ってくることになります。5万円寄付した場合は、4万8千円の税金が戻ってくることになります。

が、ここで注意点があります。

先ほどもいいましたように、住民税から控除される額は、住民税・所得割分の2割が限度です。

住民税は均等割と所得割の2つを支払うことになっており、均等割というのは「一人あたりいくら」というように定額で決められている税金です。所得割というのは所得に対して税率をかけて算出される税金です。住民税・所得割は、課税所得に対して10％課せられます。だから、課税所得が500万円の人（年収約800万円）は、50万円の住民税・所得割を払っていることになります。この50万円の2割が、ふるさと納税の還付金の限度額なので、10万円が限度ということになります。

普通のサラリーマン（年収４００万円程度）の場合は、住民税・所得割は20万円前後です。だから、４万円くらいまで寄付できるということなのです。

自治体としても、あまり多くのふるさと納税をされてしまうと、人気のある自治体にばかり税収が集まるので、困ってしまう、だから、「ふるさと納税として認めるのは、住民税・所得割の2割だけですよ」ということなのでしょう。

つまりは、住民税・所得割のだいたい2割を〝ふるさと納税〟に回すことができる、ということです。

自分がどのくらい寄付ができるのかは、次項の表を参考にしてください。

ふるさと納税の限度額を知る方法

ふるさと納税制度を利用する場合、もっとも気になるのは、限度額ですね。

先ほども述べましたように、ふるさと納税制度の控除限度額は住民税・所得割の2割です。もしこれを超えて寄付してしまうと控除されなくなって、負担額が2千円を超えてしまいます。

たとえば、住民税・所得割が20万円の人が、５万円の寄付をしたとします。この人には、還付される税金は3万8千円なので、差し引き1万2千円の負担ということになります。

が、自分が払っている住民税所得割の額などというのは、あまりわかりませんよね。特にサラリーマンの場合は、会社で全部やってもらっているので、住民税の所得割がいくらか、などを知っている人は少ないと思われます。

なので、自分が払っている住民税所得割の額を調べる方法をご紹介しましょう。

まずは、6月に送られてくる「住民税決定通知書」を見ることです。

毎年、6月くらいに自治体から会社を通して「住民税決定通知書」というものが送られてきます。

これには、市区町村と都道府県の住民税の内訳が記載されています。そして、この中に、市区町村民税・所得割という欄と、都道府県民税・所得割という欄があります。この二つの金額を合計したものが、あなたが支払った住民税所得割の額ということになります。この住民税所得割の額の1割が、ふるさと納税寄付金の限度額ということになります。

たとえば、住民税所得割の額が322000円の人がいたとします。

この人のふるさと納税還付金の限度額は以下のようになります。

322000円×20%=64400円←これが、ふるさと納税還付金の限度額つまり6万4千4百円を目安に、ふるさと納税の寄付をすればいいのです。

また市区町村の住民税課に問い合わせて、「所得割」の額を聞いてみるという方法もあります。住民税の所得割は、都道府県が4、市区町村が6の割合で、分配されています。だから、市区町村の所得割額を０・６で割れば、住民税の所得割額が出てくるのです。

たとえば、市区町村の所得割が１８００００円だった人がいるとします。

この人の住民税・所得割額（都道府県と市区町村の合計）は次のようになります。

１８００００円÷０・６＝３０００００円

住民税・所得割額が30万円なので、その2割の6万円を目安に、ふるさと納税の寄付をすればいいのです。

ふるさと納税制度の限度額の目安

前項では、源泉徴収票などから、ふるさと納税の寄付金の限度額を調べる方法をご紹介しました。

が、「市町村民税・都道府県民税・特別徴収税額の変更・決定通知書」がどこにいったかわからない、という人もおられるでしょう。また市町村に問い合わせようにもウィークデーは仕事でそんな暇はない、という人も多いでしょう。

そういう方々のために、ふるさと納税制度の限度額のだいたいの目安をここでご紹介しておきます。

たとえば、年収500万円で、妻と子供一人を扶養している人は、3万6千円前後まで寄付控除の限度額があるということです。だから3万6千円程度寄付しても、税金が3万4千円戻ってくるということになります。

ただし、ここに載せているのは、あくまでも目安であり、正確な金額ではないことをご承知おきください。

ふるさと納税の方法

では次にふるさと納税の具体的な方法について、ご紹介しましょう。

まずは、ふるさと納税をしたい自治体をホームページなどで、チェックしましょう。

そして、その自治体に寄付金をします。寄付の方法は、自治体のホームページなどに載っていますが、わからなければ自治体に問い合わせてみましょう。自治体は喜んで教えて

年収300万円の人

家族形態	住民税所得割額	ふるさと寄付控除限度額
独身	12万円前後	2万4千円前後
妻を扶養	8万円前後	1万6千円前後
妻と子供一人を扶養	4万円前後	8千円前後
妻と子供二人を扶養	0円前後	0円前後

年収400万円の人

家族形態	住民税所得割額	ふるさと寄付控除限度額
独身	18万円前後	3万6千円前後
妻を扶養	14万円前後	2万8千円前後
妻と子供一人を扶養	10万円前後	2万円前後
妻と子供二人を扶養	6万円前後	1万2千円前後

年収500万円の人

家族形態	住民税所得割額	ふるさと寄付控除限度額
独身	26万円前後	5万2千円前後
妻を扶養	22万円前後	4万4千円前後
妻と子供一人を扶養	18万円前後	3万6千円前後
妻と子供二人を扶養	14万円前後	2万8千円前後

年収600万円の人

家族形態	住民税所得割額	ふるさと寄付控除限度額
独身	34万円前後	3万4千円前後
妻を扶養	30万円前後	3万円前後
妻と子供一人を扶養	26万円前後	2万6千円前後
妻と子供二人を扶養	22万円前後	2万2千円前後

年収700万円の人

家族形態	住民税所得割額	ふるさと寄付控除限度額
独身	43万円前後	4万3千円前後
妻を扶養	39万円前後	3万9千円前後
妻と子供一人を扶養	35万円前後	3万5千円前後
妻と子供二人を扶養	31万円前後	3万1千円前後

くれるはずです。

寄付が終われば、自治体から物産品と、領収書が送られてきます。

この領収書と、年末に会社からもらう源泉徴収票と、印鑑を持って、税務署に行きましょう。

確定申告をするのです。

このときに、自分の銀行口座も控えておきましょう。税務署から還付金が送られてくるときに、振り込んでもらうための口座を申告書に記入する必要があるのです。

確定申告は、税務署のマニュアルなどを見れば、自分でできないこともありません。自分で書いて郵送するという手もありますが、自分で書くのが面倒な人は、税務署に行ってつくってもらいましょう。領収書と源泉徴収票があれば、税務署員はすぐに確定申告書をつくってくれます。

確定申告が終われば、しばらくして、所得税の還付が受けられます。

ふるさと納税の還付金（寄付金マイナス2千円）というのは、所

ふるさと納税の手順

ふるさと納税をしたい自治体に寄付をする
↓
その自治体から領収書が送られてくる
↓
その領収書と源泉徴収票を持って、税務署で確定申告をする
↓
所得税（国税）の税額控除が銀行に振り込まれる
↓
翌年の住民税からふるさと納税分の税額控除が受けられる

得税（国税）と住民税（地方税）の両方合わせての合計額のことです。

で、まずは初めに所得税の方が還付されるわけです。その後、住民税が、翌年分の住民税額から控除されます。

で、これを簡単にいいますと、「自治体に寄付して、寄付金の領収書を持って税務署で確定申告をすればいい」ということです。

ネットショッピング感覚でできる特例とは？

このふるさと納税制度は改正され、サラリーマンの場合は確定申告をしなくても、利用できるようになりました。

これは「ワンストップ特例制度」と呼ばれるもので、確定申告をしていない人は、申請書類を書いて、身分証明書のコピーなどと一緒に、寄付先の自治体に送付すれ

ば、それで申告が完了するというものです。

手間としては、ネットショッピングを開始する程度のものです。

つまり、ネットショッピングをする程度の気軽さでふるさと納税ができるようになったのです。確定申告をしない人にとっては非常に便利な制度です。まだやっていない人はぜひやってみてください。

ふるさと納税のポータルサイトなどに詳しいやり方が載っています。

申告の記載漏れに注意

このように非常に便利で有効なふるさと納税ですが、手続きを間違えると痛いことにもなります。なんやかんやいっても「お役所のしていること」なので、融通の利かない部分もあるのです。

前述したように、ふるさと納税には、ふるさと納税する際の操作だけで完了する「ワンストップ申請」と「確定申告をする方法」の二つの方法があります。

注意しなくてはならないのは、「確定申告をする方法」をとった場合です。

確定申告をする際に、ふるさと納税の金額は、「寄附金控除」の欄に記載することになっています。この「寄附金控除」の記入は、確定申告の1枚目の用紙だけじゃなく、2枚目（第2表）にも記載しなくてはなりません。しかも、2か所です。

「寄付金控除に関する事項」の欄に記載し、なおかつ「住民税・事業税に関する事項」の欄の「都道府県、市区町村への寄附」の欄にも記載しなくてはならないのです。

もし、この欄への記載が漏れてしまっても、確定申告はエラーが出ずに普通に受理されてしまいます。が、市区町村は「ふるさと納税を行った」という認識はしません。住民税の減額はされないのです。

つまり、ただの寄付金になってしまい、住民税の還付は受けられないのです。

普段、確定申告をし慣れている人ほど、この間違いをすることが多いのです。普段の確定申告では「住民税・事業税に関する事項」の欄に記載をすることはありませんからね。

しかも住民税というのは、市区町村が一方的に決定し納付書が送られてきます。サラリーマンの場合は、会社で勝手に天引きされます。

住民税の税額の計算は複雑なため、普通の人が給料明細を見ただけで、ふるさと納税の減額がされているかどうかはなかなかわからないでしょう。

となると、どうなるか？

自分はふるさと納税をしているつもりなのに、住民税はまったく減額されておらずに、税徴収されてしまうということになってしまうのです。

が、これはもし間違いに気づけば、市町村に問い合わせれば、修正してくれます。

もし不安になった方は、確定申告書の第2表の欄に2か所記載したかどうかを確認してみてください。また、確定申告書の控えを持っていない方は、お住まいに市区町村に問い合わせてみてください。

「ふるさと納税をしているはずなのですが、住民税の申告に反映されていますか」と。

ふるさと納税でもらえる主な特産品

ではこの章の最後に、ふるさと納税をしたときにもらえる主な特産品をご紹介しておきますね。

山梨県甲府市…　寄付金1万円でシャインマスカット1キロ
岐阜県高山市…　寄付金2万円で飛騨牛1キロ
鹿児島県大崎町…寄付金1万3千円で鹿児島県産うなぎの蒲焼き2尾（330グラム以上）
山形県村山市…　寄付金1万円でさくらんぼ800グラム

山形県天童市…　寄付金1万円で白桃3キロ

ここにあげているのは、ほんのごくごく一部です。

特産品だけを見ても、結構いいものがあります。自治体の中には、寄付金の額の割には、お得感のある特産品を用意しているところもたくさんあります。

地元の農家や企業にとっても、格好の宣伝になりますからね。全国の人に、自社の商品を紹介できるわけですから。これは自治体の新しい広報戦略になるかもしれませんね。

このふるさと納税制度を上手に利用する自治体が、今後、可能性のある自治体ということになるかもしれません。

特産品の内容など、詳細については、各自治体のサイトをご覧ください。

第2章

紙切れ一枚で税金は戻ってくる

サラリーマンでも節税できる！

「サラリーマンは節税の方法がない」

こういうことがよくいわれます。

サラリーマンの税金は、会社が給料から天引きするので、節税の方法などない、ということです。

しかしこれはまったくの嘘です。

あまり知られていないだけであって、サラリーマンにも節税の方法はたくさんあります。

サラリーマンの方は、「税金のことはすべて会社がやってくれる」と思っている方が多いようですが、これは事実ではありません。会社がやってくれるのは、税金の最低限度の部分だけです。

節税策の大半は、サラリーマンの方が自ら動かなくてはならないのです。そしてサラリーマンの大半のかたは、年間数万円程度の節税は簡単に可能なのです。

最近よくいわれているのが、「ふるさと納税」ですが、このふるさと納税は多くの人が実質的な減税になるのに、まだまだ大半の人が利用していません（ふるさと納税については、第1章で)。

また所得税には、「所得控除」というものが設けられています。

たとえば、家族を扶養している人が受けられる「扶養控除」、生命保険に加入している人が受けられる「生命保険料控除」などです。

で、給料から様々な所得控除額を差し引いた残額が課税対象となるのです。つまり、いろんな所得控除を増やすことによって、税金を安くすることができるのです。

そして、この所得控除は、様々なものがあり、本当は多くの方が該当するのにほとんどの方が使っていないものもたくさんあるのです。たとえば、ドラッグストアで市販薬を購入しても、所得控除が受けられたりするのです。

また所得控除には誤解されている部分も多々あり、みすみす節税の機会を逃している人もたくさんいます。たとえば、地方に住んでいる老親なども、簡単な条件で扶養家族に入れることができるのです。

本章では、サラリーマンが節税を考える際、もっとも基本的な部分をご紹介したいと思います。

祖父母の兄弟でも扶養控除に入れることができる

では具体的に、所得控除を増やす方法をご紹介していきましょう。

まず最初に覚えていただきたいのが「扶養控除」です。

扶養控除は、ご存じの方も多いと思われますが、扶養している家族がいる人が受けられる所得控除です。

扶養している親族一人あたり38万円を、所得から控除できます（扶養親族の年齢により若干の上乗せがあります）。

38万円の所得控除というとけっこう大きいです。

所得税率が10％の人の場合は、扶養控除一人につき3万8千円の節税になります。これに住民税の分が加わりますので、合計7万1千円の節税になります。所得税率20％の人ならば、11万円程度の節税になります。

つまり、扶養控除を一人増やせば、だいたい7万円以上もの節税になるのです。

で、扶養控除というのは、世間に誤解されている点が多々あります。

その一つが、扶養の範囲です。

扶養控除に入れられる家族というのは、実はけっこう広い範囲なのです。

税法では6親等以内の血族もしくは3親等以内の姻族ということになっています。

6親等以内の血族ということは、自分の親族であれば従兄弟の子供や、祖父母の兄弟でも扶養に入れることができるのです。また、3親等以内の姻族ということは、妻の叔父叔母でも入れることができるのです。

所得税率10％の人（だいたい年収400万〜500万円）の扶養控除一人あたりの節税額

所得税の扶養控除額38万円×10％＝3万8千円
住民税の扶養控除額33万円×10％＝3万3千円
合計　7万1千円　←これが節税額

40歳の息子でも扶養に入れることができる

「扶養控除を増やすなんてできるわけないだろう」

と思っている人も多いでしょう。

もちろん、扶養控除というのは、「扶養している家族」がいる人に適用されるものであり、扶養している家族は勝手に増やせるものではありません。

でも、前述しましたように、この扶養控除に関して世間的に誤解されている部分も多く、本来は扶養に入れられるのに入れていないケースが非常に多いのです。

扶養控除の定義では、扶養控除に入れられる家族というのは「扶養していること」「生計を一にしている」ということが条件になっています。

でも、この「扶養していること」というのは、税法上、具体的な定義はありません。「金銭的にいくら以上、援助していれば扶養していること」などという縛りはないのです。だから、面倒を見ていれば扶養しているということなのです。

たとえば、こういうケースはないでしょうか？

実家から会社に通っている独身の方で、実家にある程度のお金を入れている方ってけっこういますよね？　で、そういう方の中には、自分の両親などが、定年やリストラで職を失っているケースも時々あるはずです。

こういう方は、その職を失っている両親などを扶養に入れられる可能性が高いのです。

またこういうケースもあります。

18歳で一度就職して家を出た子供が、1年足らずで戻ってきたとします。

そして何年間も定職につかず、アルバイトなどをしているような場合。現代の日本社会では、よくある風景でしょう？

この場合、その子供は扶養に入れることができるのです。

子供の場合、大学を卒業するような年齢になったり、一回就職して扶養からはずれたら、もう扶養には入れられないんじゃないかと勘違いしている人もいるようですが、そうではありません。扶養控除に年齢制限はありませんし、一回扶養からはずれた子供はもう扶養に入れられないなどという規定もないのです。養ってさえいれば、何歳であっても扶養に入れられるのです。たとえば40歳の息子であっても、扶養しているのであれば扶養控除に入れることができます。

昨今では、30歳を過ぎて家でブラブラしているフリーターやニートが増えていますが、このような子供たちも扶養控除に入れてもまったく差しつかえないのです。離婚して出戻ってきた娘なども、もちろん入れることができます。

同居していない老親を扶養に入れることもできる

扶養控除の大きな誤解に、「同居している家族しか扶養控除の対象にならない」ということがあります。

世間では、扶養控除というと「同居している家族のみが対象になる」と思っている人も多いようですが、実はそうではないのです。

離れて暮らしていても、一定の要件を満たしていれば扶養家族とすることができます。

一定の要件というのは、先ほどもいいましたように、「扶養していること」「生計を一にしていること」です。

しかしこれは必ずしも一緒に暮らしている必要はないのです。

というのも扶養控除には、わざわざ「同居老親」という特別枠が設けられています。

「同居老親」というのは、70歳以上の親と同居している場合は、普通の扶養控除よりも20万円上乗せの扶養控除を認める、という制度です。

「扶養控除では同居老親に上乗せ額がある」ということは、逆にいえば別居していても扶養に入れることができるということでもあります。

別居している親を自分の扶養に入れている人はいくらでもいるし、税務署がそれをとがめることもほとんどありません。

というより、税務署員自体が、この扶養控除を最大限に活用しています。

税務署員の周囲に、だれの扶養にも入っていない親族がいれば、自分の扶養に入れてしまっているケースは非常に多いのです。

「生計を一にする」という定義も、かなりあいまいなもので、いくら以上のお金を出していなければならない、というような法的な定めはないのです。実際には、ほとんど金銭的な援助などは行っていないのに、「扶養」としているケースもかなりあります。

自分の両親が無収入で、だれの扶養にも入っていないのであれば、自分の扶養に入れて控除を受けることが可能なのです。

扶養対象者に多少の援助をしていて、いざというときに面倒を見なければならない立場であれば、十分に扶養控除に入れる資格はあるといえるのです。

たとえば、親は老人ホームに入っていて、入所料はほぼ年金で賄えるけれど、親のお金の管理はすべて自分が行い、年金で足りない分を補っている。そういう場合も、親を扶養に入れる資格は十分にあるといえます。

「田舎に老親がいるけれど、老親には年金収入があるからダメだ」

と思った方、ちょっとお待ちください。

年金収入があっても、税法上の定義で扶養控除に入れられるケースも多々あるのです。

公的年金収入者の場合、65歳以上の人であれば、年金収入が158万円以下であれば、扶養に入れることができるのです（65歳未満の方の場合は、108万円以下）。たとえば、74歳の父と、73歳の母が、それぞれ150万円ずつ年金を受け取っていたとします。夫婦合計で300万円です。でも、彼ら一人一人の年金は158万円以下なので、この両親を二人とも扶養に入れられる可能性があるのです。

また両親のうち、どちらかは死去して、遺族年金をもらっている場合、遺族年金は税法上の所得としてはカウントされませんので、遺族年金はいくらもらっていても、無収入ということになるのです。父親が先に亡くなって、母親は遺族年金で暮らしている、というようなケースは、よくありますが、この場合も、扶養控除に入れられる可能性があります。

ただし気をつけなくてはならないのが、兄弟で共同して老親の面倒を見ているような場合です。この場合、扶養控除を使えるのは兄弟のうちのだれか一人だけ、ということになります。一人の家族につき、扶養控除を使えるのは一人に限られるので、兄弟で重複して扶養控除を使うことはできません。

子供の扶養を夫婦で分散しよう

共働きをしている夫婦は、16歳以上の子供の扶養に関して、ちょっと気をつけなくてはならない点があります。

共働きで子供がいる場合、なんの疑問も持たずに、16歳以上の子供を全部夫の扶養にいれてしまっている夫婦も多いようですが、これは非常に損をしていることが多いのです。

扶養控除というのは、扶養している人の収入から控除されるという建前になっています。

別に世帯主の収入から控除しなければならない、ということはないのです。夫婦共働きの場合、子供の扶養を分散しても、なんら問題はないのです。

所得にかかる税金は、所得が高くなるほど税率が上がる仕組みになっています。そのため、夫婦共働きの場合は、なるべく夫婦の所得が均等になるようにするのが、節税のポイントです。

16歳以上の子供一人の場合は、単純に、収入の多い方の扶養にいれておいた方がいいでしょう。16歳以上の子供二人の場合で、夫婦の収入がほぼ同じ（40万円以上の差がない）場合は、子供は分散して扶養すると節税になります。

所得税の税率が高くなるのは、普通のサラリーマンならば年収３００万円前後と、年収５００万円前後です。もし、夫婦ともに５００万円程度の収入を得ていて、夫に子供の二人の扶養控除をしていた場合、夫の税率は１割、妻の税率は2割、ということになる場合もあるのです。

リストラ失業中の夫は妻の扶養に入れよう

昨今では、会社が倒産したり、リストラなどで、職を失っている人も多いようです。そういう場合、もし配偶者（奥さんか夫）が働いていて、収入がある場合は、迷わず配偶者の扶養に入りましょう。

誤解されることも多いのですが、配偶者控除、配偶者特別控除というのは、妻だけが受けられるものではありません。

妻が働き、夫が主夫をしている場合も受けられるのです。

また社会保険も、夫を扶養に入れて、自分の社会保険に入れるべきでしょう。

夫が沽券にかかわるからといって、妻の社会保険に入らずに、自分で国民健康保険や国民年金に入ったりしては非常に損です。

サラリーマンの厚生年金は一人分の保険料で、夫婦二人分をもらえる資格が生じるものです。これは、妻の厚生年金に夫を入れた場合も同様です。この有利な制度を使わない手はないのです。

また失業保険を受給中であっても、失業保険は所得ではないので、扶養に入れることが可能です。

夫を扶養に入れるのと入れないのとでは、税金がまったく違ってきます。

配偶者控除を受けると、所得税率5％の人でも所得税、住民税を合わせると5万円以上の節税となります。

また夫が自営業、妻がＯＬなどの場合でも同様です。夫の所得が38万円以下ならば、配偶者控除を受ける資格があるのです。

夫を扶養に入れるのは簡単です。

会社に提出する扶養控除等異動届出書の扶養する配偶者の欄に、夫の氏名を記載すればいいだけです。

年末調整が終わった後でも、確定申告をすれば扶養控除分の税金の還付を受けることができます。

配偶者控除、扶養控除を受ける（増やす）手続き

ここまで、配偶者控除や扶養控除を増やす方法をご紹介してきました。

でも、どういう手続きをすればいいのかわからない、という方も多いでしょう。なので、具体的な手続きをここで少しご説明しておきますね。

サラリーマンが、配偶者控除、扶養控除を増やす方法は、とても簡単です。毎年会社に提出する扶養控除等届出書に記載するだけで、その年から、扶養を増やすことができるのです。

この扶養控除等届出書は、年の初めに提出するのが通例ですが、年の途中で異動届を出すこともできます。

会社の経理に「扶養控除の変更があったので、書類を提出したい」といえば、書類をくれます。この書類を提出すれば、扶養控除の異動は完結します。この書類は、特に書き方が難しいものではありませんが、もしわからない点があれば、会社の経理の人に聞きましょう。

会社に扶養控除届出書を提出してしまっていて、年末調整がすでに済んでいる場合でも、訂正することができます。その場合は、自分で確定申告書を取り寄せて、扶養控除を訂正して、申告すればいいのです。

この場合、確定申告書は自分でつくった方がいいでしょう。前述したように「扶養」の定義というのは曖昧なものなので、税務署の納税相談などに行くと、「どの程度、扶養しているのですか」などと、言いがかりをつけられる可能性があるからです。

意外と控除漏れが多い「社会保険料控除」

サラリーマンの方で、意外と控除漏れが多いものに、「社会保険料控除」があります。

社会保険料控除というのは、その年に払った社会保険料を全額、所得控除できるというものです。

この社会保険料控除も、実は世間にあまり知られていない特殊な仕組みがあるのです。

サラリーマンの場合、社会保険料控除は、原則として会社の年末調整で完結します。しかし、会社がやってくれる年末調整だけでは、控除漏れになっているケースが多々あるのです。

というのも、社会保険料控除は、自分にかかってくるものだけではなく、家族にかかっている社会保険料も控除できる可能性があるのです。

社会保険料控除というのは、家族の分であっても、払っている人が受けることができるのです。だから、親や子供の社会保険料を払ってやっていれば、その分は自分が社会保険料控除を受けることができるのです。

年金暮らしや無収入の両親を扶養家族としている場合、両親にかかってくる社会保険料も控除の対象とできます。

両親に限らず、扶養に入れている子供、兄弟などの社会保険料も、払ってやっている場合はもちろん控除できます。フリーターや、パラサイト族も、国民年金に入らなければなりませんが、このとき払った年金保険料も、自分の所得控除とできるのです。

たとえば、両親の社会保険料50万円を払ってやっているとします。この分の控除を受ければ、最低税率の人でも7万5千円の節税となります（ただし両親の保険料が、年金から天引きされているような場合は、自分の社会保険料として控除することはできません）。

また家族全部の社会保険料を家族の中でもっとも収入の多い人がすべて払ったことにすれば、家族全体の節税にもなります。

しかし、しかし、です。

会社の年末調整ではやってくれる「社会保険料控除」は、自分の社会保険料分だけなのです。家族の分の社会保険料は、まったく控除されないのです。だから、家族の分の社会保険料で、控除を受ける場合は、自分で確定申告をしなくてはならないのです。

確定申告では、社会保険料控除の額だけを、書き直せばいいのです。自分の源泉徴収票に記載されている社会保険料控除の額と、新たに控除を受ける家族の社会保険料の額を足したものを記入すればいいのです。

確定申告書には、源泉徴収票と、新たに控除を受ける家族の社会保険料の領収書を添付します。

「雑損控除」も控除漏れが多い

サラリーマンの所得控除の中で、し忘れが多いのが、「雑損控除」です。

雑損控除とは、災害、盗難、横領により自分や扶養親族の所有する生活用資産について損失が生じた場合には、一定の金額をその年の所得金額から控除できるというものです。

おおまかにいえば、自然災害や盗難などで、所得の10分の1以上の被害があれば、それを超えた分を雑損控除とできるのです。

たとえば、所得300万円の人が盗難で50万円の被害にあったとします。

50万円－30万円＝20万円
つまり、20万円が雑損控除として課税対象から差し引けるのです。

ただ雑損控除の計算は、もう少し複雑な課程があり左図のように算出されます。

雑損控除の計算方法

①損失金額－所得金額の10分の1
②損失額のうち災害関連支出（原状回復のための修繕費など）－5万円
①②のうち多い方の金額が、雑損控除の額
（注1）損失金額とは損失の金額から保険金などによって補填される金額を控除した金額です。

（注2）所得の金額とは給与所得者の場合、源泉徴収票の給与所得控除後の金額の欄に記載してある金額のことです。なお所得金額の10分の1とは、この金額以下の損失は認めないということです。

つまりは、被害額が所得の10分の1以上か、災害関連支出が5万円以上かということです。災害関連支出というのは、被害を受けた資産などを修繕する費用などです。盗難などの場合は、修繕費用が発生するようなことはないので、必然的に①での計算となります。

また自然災害で資産が損害を受けた場合は、①と②の二つの計算をして、どちらか多い方を採ることができます。

ただ①の場合は、資産の被害額をちょっと複雑な計算で算出しなければなりません。たとえば、築20年購入費2000万円の家が半壊の損害を受けた場合、単純に「1000万円の損害」とすることはできません。築20年なので、建物の価値は減っているので、現在の建物の価値を基準にして、損害の額を決めなくてはならないのです。この計算は、普通の方ではちょっと難しいと思われるので、税務署で算出してもらった方がいいでしょう。

②の場合は、修繕などをした場合、その費用が対象になります。なので、②の計算を用いる方が簡単です。たとえば、家が台風などで損壊して、200万円の修繕費がかかった場合、この200万円が災害関連支出ということになります。

なので、

200万円－5万円＝195万円

となり、195万円が雑損控除額ということになるのです。

ただし、ここで気をつけなくてはならないのが、雑損控除の対象となるのは「原状回復のための修繕費」ということです。新たに価値が生じるような支出は認められない、ということです。たとえば、家が壊れたので、いっそリフォームしようということになったような場合、リフォーム費用の全部が雑損控除の対象にはならないということです。雑損控除の対象になるのは、あくまで元に戻すために費用ということです。

またこの「原状回復のための修繕」は、災害の日から1年以内に修繕したものでなければなりません（災害の状況などでやむを得ない事情があれば3年以内までＯＫ）。

雑損控除の場合、損失額が大きくて、その年の所得金額から控除しきれない場合には、申告を要件に翌年以後3年間の繰越控除が認められています。だから、台風、地震などの災害にあった場合、その年だけでなく、3年分の税金が安くなるのです。

雑損控除の対象となる事象は、災害、盗難、横領による損失です。

つまり地震や火災、風水害などによる損失が対象となるのです。詐欺や紛失などの被害は対象にはならないので注意を要します。

対象となる資産は、生活に通常必要な資産です。

主として居住用家屋や家財、その他生活の用に供している動産です。別荘や競走馬など趣味や娯楽のために持っている動産や不動産、1個あたりの価額が30万円を超える貴金属や書画、骨董品などは、対象になりません。

ちょっとした被害でも税金還付になる

この雑損控除については、国税庁は、この雑損控除についてホームページでわざと誤解させるような記述をして、門戸を狭くしています。

「国はなるべく国民に節税させないようにしている」ということの典型例なので、ここでちょっと紹介しておきます。

国税庁のサイトでは、「雑損控除ができる金額」として以下の文面が記載されています。

雑損控除として控除できる金額

次のふたつのうちいずれか多い方の金額です。
1　(差引損失額)－所得の10％
2　(差引損失額のうち災害関連支出の金額)－５万円
(注)「災害関連支出の金額」とは、災害により滅失した住宅、家財などを取壊し又は除去するために支出した金額などです。
～国税庁ホームページからそのまま抜粋～


これを読んだ皆さんは、おそらくこう思うはずです。

「災害関連支出というのは、建物を取り壊したり、除去したときの費用だけなんだな」と。

この注意書きを読めばそういうふうにしか取れないはずです。

しかし、この記述には一番大事なことが抜けているのです。

災害関連支出というのは、「災害で被害にあったときの家などの原状回復のための修繕費」も含まれるのです。

所得税施行令206条では、災害関連支出には「損害を受けた住宅家財などを原状回復するための費用も含まれる」と明記してあります。

つまり原状回復のための修繕費が5万円以上かかれば雑損控除を受けることができるのです。

だから、雑損控除というのは、かなりハードルの低い、対象者の多い控除なのです。

この部分について、筆者は国税庁の電話相談室にも確認しました。

そして、雑損控除の災害関連支出には原状回復のための修理費も含まれるという確実な回答も得ており、それは記録もしております。

災害関連費の説明としてもっとも大事なものは、この修繕費のはずです。

災害で被害があった人は、そこが一番重要な情報なはずです。

この重要な情報を、わざとはずして記載し、それが不可能のような印象を与えているのです。

この国税庁のサイトは、わざと一番該当する人が多い事項をはずしているとしか思えません。つまりは、わざと適用条件が狭いように思わせて、雑損控除を受けさせないようにしているわけです。

意図的に読者に誤解させて、節税の方法を閉ざしているのです。

完全に確信犯といえるでしょう。

もしこれが民間企業だったら、「説明文に意図的な誤誘導がある」として行政指導を受けるレベルです。

能登の震災などで家が少し壊れて修繕したような人が、もし国税庁のホームページを読んだ場合、「自分は家を取り壊したりしていないので、該当しないんだ」と必ず思ってしまったはずです
国税庁は、全体的にこういう傾向があります。

市民が税金に疎いのをいいことに、わざと大事なことを書かなかったり、誤解されるような表現をして、節税をさせないのです。

シロアリ駆除や雪下ろしの費用も控除される

そして、雑損控除の場合には、あまり知られていない裏ワザがあります。シロアリ退治や豪雪地帯の雪下ろしの費用も対象となるのです。

シロアリ退治をして5万円以上かかった人や、豪雪地帯で雪下ろしの費用が5万円以上かかった人は、5万円を超える部分が、所得から差し引けるというわけです。

シロアリを駆除する人ってけっこういますよね？

で、シロアリ駆除ってけっこうお金がかかりますよね？

雑損控除にできるというのですから、使わない手はないのです。シロアリ駆除をした人や、寒冷地で雪下ろしにお金がかかった人は、ぜひ忘れずに利用するべきでしょう。

また雑損控除も、サラリーマンの場合（これまで確定申告していない場合）は、過去5年分まで遡って申告できます。だから、能登半島地震で、家屋に被害が受けていたけれど、申告するのを忘れていたという人も、今ならまだ間に合います。

雑損控除の適用を受けるには確定申告が必要です。会社ではやってくれないのです。

でも確定申告の仕方は簡単です。

災害関連支出をした領収証を確定申告書に添付します。

また、火災の場合には消防署が発行する「罹災証明書」、盗難の場合には警察署が発行する「被害証明書」が必要とされます。サラリーマンの場合、申告書には源泉徴収票を添付します。

それを持っていって、「雑損控除の申告をしたい」といえば、後は税務署の人が申告書を作ってくれます。

生命保険は掛け捨てじゃない方がいい⁉

「生命保険料控除」って聞いたことがある人も多いでしょう。

生命保険料控除というのは、生命保険に加入している場合、一定の所得金額を控除できるというものです。

サラリーマンの方のほとんどは、何らかの生命保険に加入しているので、ほとんどの方がこの控除を受けているはずです。秋口に保険会社から生命保険料控除の証明書が送られてきて、会社にそれを提出すると、生命保険料控除が受けられます。おそらく、あなたも、会社からいわれて10月ごろ、生命保険料控除の書類を提出したはずです。

このように生命保険料控除については、ほとんどのサラリーマンの方がすでに受けているので、今更ここで紹介しなくてもよさそうなのですが、生命保険料控除に関して一点、重大な注意事項があるのです。

それは、生命保険そのものに関しての話です。

というのも、最近「生命保険は掛け捨てが有利」などといわれることがあります。

「貯蓄部分がある生命保険は、利率が非常に低いので、まったく意味をなさない、それよりは、掛け捨ての生命保険に入って、保険料を安く抑える方がいい」

ということが主な理由です。

しかし、これは必ずしも正確ではありません。

なぜなら、生命保険料掛け捨て有利論には、「生命保険料控除」がまったく考慮されていないからです。

この生命保険料控除で安くなる税金分を考慮すれば、「掛け捨ての生命保険は決して有利ではない」のです。生命保険に加入することによって得られる節税額を考えれば、貯蓄型の生命保険も決して悪いとはいえないのです。

生命保険料控除の計算方法は、左の表のようになります。

たとえば、年間8万円以上の生命保険に加入していれば、所得税の場合は、4万円の所得控除が受けられます。また住民税の場合は、28000円の所得控除が受けられます。

所得税の税率が10%の人の場合は、所得税、住民税合わせて、6800円の節税になるのです。所得税率20%の人は、10800円の節税になります。

年間8万円の保険に入って6800円節税できるなら、けっこう大きいはずです。

貯蓄性の生命保険に加入して、この6800円を利息と考えれば、金融商品としてかなりいいものといえます。8万円支払って6800円の利息がつくのと同じですからね。なんと8%以上の利率になるのです。

表1　所得税の生命保険料控除の計算方法（個人年金、介護年金も同じ）

年間の支払保険料の合計	控除額
2万円以下	支払金額全部
2万円を超え4万円以下	支払金額÷2+1万円
4万円を超え8万円以下	支払金額÷4+2万円
8万円超	4万円

表2　住民税の生命保険料控除の計算方法（個人年金、介護医療保険も同じ）

年間払込保険料	保険料控除額
～ 12000円	支払保険料全額
12001円 ～ 32000円	支払保険料 × 1/2 + 6000円
32001円 ～ 56000円	支払保険料 × 1/4 + 14000円
56001円 ～	一律 28000円

生命保険料控除は、掛け金が年間８万円のときが、控除額は最高の４万円となります。掛け金をそれ以上増やしても、控除額は４万円が限度です。なので、生命保険の掛け金は年間８万円にするのが、もっとも節税効率が高いといえます。年間８万円ぴったりの生命保険などはないと思われますが、だいたい８万円になるように狙っていけば、最大の利益が得られるわけです。

掛け捨ての生命保険ならば、年間８万円にはなりませんので、この恩恵は受けられません。だから生命保険に加入する場合は、生命保険そのものの有利不利だけではなく、節税額も含めたところで選ばなくてはならない、ということなのです。

保険の掛け方によって税金が2万〜3万円変わってくる！

生命保険料控除には、もう一つ注意しなくてはならない点があります。

というのは、生命保険料控除には、三つの種類があり、これをうまく組み合わせれば、大きな節税ができる、ということです。

生命保険料控除の種類とは、次の三つです。

「生命保険控除」

「個人年金控除」

「介護保険控除」

これらの控除は、全部使えば、けっこうな節税になります。が、これを全部使っている人はあまりいません。

これらの三つの保険の特徴を簡単にいえば、

- 生命保険は、死亡したときや病気になったときに保険金がもらえるもの
- 個人年金保険は、毎月保険料を払い込み一定の年齢に達したら年金としてもらえるもの
- 介護保険は、介護が必要になったときに保険金がもらえるもの

ということになります。

人によっては生命保険ばかりを分厚く掛けて、他の保険には入っていない場合などもあります。しかしそれは、節税面も含めて考えた場合、決して上手な保険の掛け方とはいえません。生命保険だけでは、節税額は1万円程度です（平均的サラリーマンの場合）。しかし、三つの保険に入っていれば、節税額は2万～3万円になります。保険に入る場合には、常に節税分も含めたメリット、デメリットを考えるようにしましょう。

またこの三つの保険料控除は、あまり知られていないので（特に後の二つは）、保険に加入していて、控除を受ける資格があるのに、控除をし忘れている人もけっこういます。なので、いろんな保険に加入している人は、これを機会に自分がどんな保険に入っているのか、保険料控除を受ける資格があるのかないのか、保険会社に確認してみましょう。

実は、保険料控除がややこしくなったのには、理由があります。

生命保険料控除は、平成24年に大きく改革されたのです。

平成24年の改正で一番大きく変わった点は、それまでは「生命保険」「個人年金」の二つしか控除ができなかったのに対し、「生命保険」「個人年金」「介護保険」の三つの控除が受けられるようになったということです。

それまでは、生命保険料控除（最大5万円）、個人年金保険料控除（最大5万円）の合計10万円までしか控除が受けられませんでした。

表３　古い生命保険料控除の計算方法（個人年金も同じ）

年間の支払保険料の合計	控除額
2万5千円以下	支払金額全部
2万5千円を超え5万円以下	支払金額÷2＋1万2500円
5万円を超え10万円以下	支払金額÷4＋2万5000円
10万円超	5万円

しかし、平成24年の改正で、生命保険料控除（最大４万円）、個人年金保険料控除（最大４万円）、介護保険料控除（最大４万円）で、合計12万円の控除が受けられるようになったのです。

だから、生命保険に年間８万円以上、個人年金保険に年間８万円以上、介護医療保険に年間８万円以上掛け金を支払っている人は、合計で12万円の生命保険料控除が受けられるのです。個人年金保険、介護医療保険については、次項以下で詳しく説明します。

ただ気を付けなくてはならない点があります。

平成24年に改正された新しい生命保険料控除の制度は、平成24年以降に契約した保険のみに有効なのです。それ以前に契約した保険は、古い制度がそのまま適用になるのです。

平成23年までに契約した生命保険については、表3のような方法で控除額が算出されます。そして、この控除の計算方法は、生命保険ではなく、個人年金保険も使えます。

平成24年１月１日以降に契約した生命保険については、前に掲げた表１のような方法で控除額が算出されます。

民間の個人年金保険に入るとかなりお得！

前項で触れた「個人年金」について、詳しく説明しましょう。

民間の個人年金商品に加入している場合、「個人年金保険料控除」というものが受けられます。

個人年金とは、公的年金ではなく、保険会社に個人で加入する年金のことです。毎月、一定額を積み立てておけば、老人になったとき（60歳以上など保険によって支給年齢は違います）に一定額をもらえるというものです。毎月いくらずつ、何年間もらえる、というような仕組みです。

また終身年金のタイプなどもあります。これは、死ぬまで一定の年金がもらえるという商品です。

最近はこれに加入している人もけっこういるようです。が、個人年金の存在自体を知らない人も、かなり多いようです。また個人年金に加入している人でも、所得控除が受けられるということを知らずに、控除漏れになっている人もいるようです。

個人年金保険料の控除額の計算方法は、生命保険料控除と同じです。

年間8万円の保険料を払い込んでいれば、4万円の個人年金保険料控除が受けられます。

これが最高額ですので、これ以上掛け金を増やしても控除額は増えません。

また住民税は、年間56001円以上の保険料の払い込みをしていれば、28000円の個人年金保険料控除を受けられます。住民税はこの金額は最高額で、これ以上掛け金を増やしても控除額は増えません。

つまり、所得税、住民税合わせて最高で68000円の所得控除を受けられるのです。

これは戻ってくる税額に換算すれば、平均的サラリーマンでだいたい1万円程度になります。

つまり年間8万円の個人年金に入れば、1万円くらいの節税になるということなのです。

この節税分を個人年金の利子と考えれば、相当に有利な金融商品だということになります。

日本は今後、少子高齢化社会が加速し、公的年金の支給額は削減される可能性が高いのです。なかなか公的年金だけでは老後を暮らしていけなくなるでしょう。

昨今では老後の資金に頭を悩ませているサラリーマンの方も多いと思われます。公的年金だけでは足りないので、補足分としていろんな投資をしたり、不動産を購入したりする人も多いようです。

が、老後の資金計画には、まずは個人年金に入ってみることをお奨めします。節税分を考えれば、まずこれより有利な金融商品はないといえます。ただし年間8万円以上入っても、節税額は増えないので、あまり多くの老後資金プールには使えません。なので老後資金計画の手始めとして、8万円をちょっと超えるくらいの個人年金に加入する、ということにしたらどうでしょう？

また個人年金には、公的年金にないメリットもあります。

個人年金は、個人と民間保険会社が契約した年金ですので、公的な部分はまったくありません。だから単純にいえば、払い込んだ分に利子がついて戻ってくるのです。公的年金の場合、世代や家族構成によっては、払い込んだ分よりも少ない金額しかもらえないということがあります。でも個人年金の場合は、そういうことはあり得ないのです。

また先ほども述べましたように、個人年金に加入していても、控除のし忘れになっている人もけっこういます。生命保険と個人年金は非常にわかりにくいので、もしかしたら、保険の外交員の方に勧められてあなたも入っているかもしれないのです。なので、自分が加入している生命保険の内容がよくわからない人は、保険会社に確認してみましょう。

もし控除漏れがあれば、会社に申告すれば、年末調整でやってくれます。年末調整に間に合わなかったり、すでに申告が終わっている年度の分は、過去5年分までは確定申告で、取り戻すことができます。

民間の介護保険に加入すれば1万円の節税になる！

先にご紹介しました介護保険料の控除について、ここでご説明しましょう。

介護医療保険というのは、公的な介護保険とは別に、民間の保険会社が発売している保険商品のことです。これに加入していれば、介護が必要になったときに、一定のお金を受け取れるというものです。

この介護保険は、今までは所得控除の改正にはなっていませんでした。

が、平成24年度の税制改正により、控除の対象となる保険に新たに「介護医療保険」を加えられたことです。

従来の生命保険、個人年金に加えさらに介護医療保険に加入すれば、それまで所得税は10万円が控除限度額だったものが12万円になるのです（ただし、住民税の控除限度額は、従来の7万円と変わりません）。

つまりは、介護医療保険に加入すれば、所得控除の枠が広がる、ということです。

この介護医療保険料の所得控除の計算方法は、生命保険料控除、個人年金保険料控除と同じです。

介護保険の所得税控除の最高額は、掛け金8万円以上のときに4万円です。住民税の所得控除の最高額は、５６０００１円以上のときに２８０００円です（ただし、住民税は、生命保険料控除、個人年金保険料控除、介護医療保険料控除額の合計限度額は７００００円）。

だから、年間８万円の介護医療保険に加入していたら、所得税、住民税合わせて６８０００円の所得控除を受けられることになるのです。これは平均的サラリーマンで、だいたい１万円の節税になります。

今後、高齢化社会を迎え、老後の生活資金とともに、介護費用なども計画的にプールしておかなくてはなりません。なので、今のうちから節税を兼ねて準備しておくのもいいかもしれません。

地震保険に入ったら1万円の節税になる！

前項まで生命保険関係の控除のご紹介をしました。

が、所得控除の対象になるのは、生命保険ばかりではありません。

昨今、普及し始めている地震保険の場合も、所得控除の対象なのです。

日本は地震大国であり、昨今、地震の被害が非常に多いです。

これに対応して平成20年度の税制改正で、地震保険をかけている人には、地震保険料控除というものが受けられるようになったのです。

行政としてはけっこう素早い対応といえますが、なかなか広報しないというのは相変わらずです。

たぶん「地震保険に入ったら税金が安くなる」ということはほとんどの人は知らないのではないでしょうか。国税庁は、こういうことはまったく宣伝しませんからね。

地震保険料控除の額は、5万円以内ならば全額、5万円以上ならば5万円となっています。生命保険料控除が、最高額4万円（掛け金8万円以上の場合）なので、生命保険料控除よりも地震保険料控除の方が有利だといえます。

地震保険料控除の対象となる保険は、国税庁のサイトによると以下のようになっています。

「地震保険料控除の対象となる保険や共済の契約は、一定の資産を対象とする契約で、地震等による損害により生じた損失の額をてん補する保険金又は共済金が支払われる契約です。

対象となる契約は、自己や自己と生計を一にする配偶者その他の親族の所有する居住用家屋又は生活に通常必要な家具、じゅう器、衣服などの生活用動産を保険や共済の対象としているものです」

一般の方には、少しわかりにくいと思われますが、まあ「地震保険」と称されて販売されている保険商品の大概のものは該当します。

が、中には、該当しないものもありますので、新しく地震保険に加入したいと思っている人は、保険会社に地震保険控除の対象となるかどうか必ず確認しておきましょう。

現在加入している地震保険が控除対象となるかどうかは保険会社から送られてくる証明書を見れば確認できます。もしわからなければ、保険会社に問い合わせれば教えてくれます。

地震保険料控除を受ける手続きは、会社に地震保険の証明書を提出すれば、それでOKです。もし年末調整までに、提出するのを忘れていても確定申告をすればいいです。またこれも過去5年分までは遡って申告できます。

また地震保険料控除が作られた代わりに、損害保険控除が廃止されました。

損害保険控除を受けていた人は要注意です（ただし、長期損害保険の保険料控除を受けていた人は、経過処置としてそのまま継続されています）。

サラリーマンも交際費が計上できるようになった！

「いいよ、いいよ、ここは経費で落とすから」

自営業者などの友人にそうやって御馳走になったことがある人も多いのではないでしょうか？　自営業者などは、経費を自由に使うことができます。だから、そういうことができるわけです。

うらやましい、と思ったサラリーマンの方も、けっこういるでしょう。

サラリーマンは、原則として自分で確定申告はしないので、経費を自分で申告することはできません。だから交際費なども、会社が出してくれるなら別として、自腹で払った分を自分の収入から差し引くことなどはできません。

「サラリーマンだけが経費を自由に計上できないのは、おかしいのじゃないか？」

「サラリーマンにも確定申告を認めるべきだ！」

そういうことを言う有識者もけっこういます。

が、しかし、しかしです。

実は平成25年の税制改正で、サラリーマンも一部の経費を申告することが、認められたのです。一定の条件をクリアすれば、交際費などを経費として計上し、その分、税金の対象から差し引くことができるようになったのです。

　この制度は、「特定支出控除」というものです。サラリーマンが、特定の支出が生じた場合には、それを給料から差し引いてあげましょう、というものです。

　これは、サラリーマンは、仕事上、いろんな経費が生じるのに、それをきちんと計上できない、という国民からの批判にこたえる形で作られた制度です。

「特定支出控除」が作られた当初は、通勤費用が高額な人、単身赴任などで帰省費用が著しくかかる人などに限定された制度で、しかも給与所得者控除を超えた場合にのみ適用されるというとても使い勝手が悪いものでした。この制度を利用する人は年間数十名程度という、ほとんど有名無実の制度でした。

　しかし、「誰も使っていない役に立たない制度」ということで、批判されたため、これが拡充されることになったのです。

　この拡充により、通勤費用や転勤費用、技能習得費などの特定支出のみならず、一定の条件を満たせば交際費や書籍代や衣服費も、計上できるというのです。

　一定の条件というのは、「会社の業務に関する費用であること」なので、自営業者の費用計上の条件と同じです。つまり、サラリーマンは自営業者に近いような費用計上の権利を手にしたのです。

特定支出控除の条件

では、次に特定支出控除の条件についてご説明しましょう。

特定支出控除というのは、特定の支出が一定以上あったときに、それを課税対象給料から差し引いてあげますという制度です。

で、どのくらいの支出があったときに控除の対象となるかというと、後出の表の通りです。この表中にある給与所得控除というのは、サラリーマンには、あらかじめ収入に対して一定の割合で控除されるというものです。サラリーマンも、業務上いろんな経費がかかるけれど、自営業者のように経費を計上できないので、収入から一定の割合を、経費として認めましょうという制度です。

たとえば、年収400万円の人の給与所得者控除は134万円になります。この134万円の半分の67万円以上の特定支出があった場合は、その分だけ控除額を上乗せしましょう、という制度です。

もし年収400万円の人が、100万円の特定支出があった場合には、100万円－67万円で、33万円が特定支出控除の額となるのです。

そして特定支出控除に該当する費用には、どんなものがあるかというと、次の６種類です。

1　一般の通勤者として通常必要であると認められる通勤のための支出（通勤費）
2　転勤に伴う転居のために通常必要であると認められる支出（転居費）
3　職務に直接必要な技術や知識を得ることを目的として研修を受けるための支出（研修費）
4　職務に直接必要な資格を取得するための支出（資格取得費）
5　単身赴任などの場合で、その者の勤務地又は居所と自宅の間の旅行のために通常必要な支出（帰宅旅費）
6　次に掲げる３つの支出（その支出の額の合計額が65万円を超える場合には、65万円までの支出に限ります。）で、その支出がその者の職務の遂行に直接必要なものとして給与等の支払者より証明がされたもの（勤務必要経費）

（1）書籍、定期刊行物その他の図書で職務に関連するものを購入するための費用（図書費）

その年の給与等の収入金額	特定支出控除額できる金額
1500万円以下	その年中の給与所得控除額×1/2
1500万円超	125万円

（2）制服、事務服、作業服その他の勤務場所において着用することが必要とされる衣服を購入するための費用（衣服費）

（3）交際費、接待費その他の費用で、給与等の支払者の得意先、仕入先その他職務上関係のある者に対する接待、供応、贈答その他これらに類する行為のための支出（交際費等）

つまりは資格取得費用やら接待交際費、書籍代などが、一定の金額を超えた場合には、控除の対象となるというわけです。

平均的サラリーマンならば、これらの費用がだいたい70万円以上かかった場合には、70万円を超えた部分が特定支出控除の対象となるわけです。

これらの支出だけで70万円を超えるというのは、けっこう難しいかもしれません。交際費は65万円までという縛りもありますからね。でも、資格取得に励んでいる人などは、交際費や書籍代などと合わせれば、十分にチャンスはあると思います。サラリーマンは、知っていて損はない情報だといえるでしょう。

退職時の税金の還付漏れは非常に多い！

サラリーマンは、退職時の税金も払い過ぎになっているケースが多々見られます。

会社からは、「退職金の税金はすべて完結しているので、何も手続きは必要ない」という説明がされると思います。

だから、世間の多くの人は、「退職時には税金の手続きは必要ない」と思っているようです。そのため、税金の還付漏れになっているケースが多々見られるのです。

なぜそういうことになっているのか、順に説明しましょう。

実は退職時に完結しているのは、「退職金の税金」だけなのです。

しかし、退職した年に会社からもらう報酬というのは「退職金」だけではありません。その年も給料をもらっているはずです。

この「退職年の給料の税金」の手続きをし忘れているケースが非常に多いのです。しかも、この手続きは、還付になるケースが大半なのです。つまりは、還付をし忘れているケースが多くなっているわけです。

サラリーマンというのは、毎月の給料は源泉徴収されています。

これは、確定した額を引いているのではなく、このくらいの収入の人は、だいたいこのくらいの税金になるだろうという見越しのもとに作られた「税額表」を基にして引かれているのです。

しかし、この「税額表」に表示されている源泉徴収額というのは、実際の税額よりも多くなりがちなのです。この税額表というのは、後で税金の取りはぐれがないように少し多めに設定されているのです。そして、取り過ぎた分は、年末の「年末調整」で返すことになっているのです。

たとえば、3月31日付で退職した人が、その年は再就職していなかったとします。1月から3月までは、毎月40万円の給料をもらっていました。扶養しているのは奥さんだけです。この人は毎月19010円を源泉徴収されています。ということは、3月までに57030円源泉徴収されていることになります。

この年の給料は120万円程度なので、本来、税金はかかってこないはずです。この人は退職金ももらっていますが、退職金の税金は別に計算されるので、この年の収入はあくまで給料でもらった120万円だけということになるのです。にもかかわらず、57030円も税金が徴収されているのです。

なんでこんなにたくさん源泉徴収されているかというと、毎月源泉徴収される金額というのは、1年間ずっとその給料がもらえると想定して決められているからです。つまり、この人の場合だと、月40万円を1年間だから、年間４８０万円の収入になるだろうと仮定して、毎月の源泉徴収額が定められているのです。

このようにサラリーマンの毎月の源泉徴収額というのは、取りすぎている場合が多いのです。

サラリーマンをやっているときは、年末調整をすることによって、払い過ぎの税金が精算されます。

しかし、定年退職した人は、もう年末調整を受けることができません（12月末で退職すれば別ですが）。だから、払い過ぎた税金が、そのままになっている可能性が高いのです。つまり、退職した人というのは、「年末調整をしていない状態」になっているのです（年末に退職した人を除いて）。

退職したその年のうちに再就職していない人は、多かれ少なかれほとんどがこのケースです。

この場合、どうすればいいかというと、確定申告をすればいいのです。

その方法は簡単です。

源泉徴収票を税務署に持っていって、「年末調整をしていないので、確定申告をしたい」と言えば、税務署員が手続きをしてくれます。たったそれだけの手続きで、多ければ数万円単位の税金が還付になってくるのです。

申告をすれば還付になるケースとは?

が、さらにややこしいことに、この退職年の給料の手続きは、誰もが「漏れ」になっているとは限らないのです。

退職した年に別の会社などに再就職し、再就職先で、「年間を通した年末調整をしてくれている場合」はこの手続きは必要ないのです。

なんだかややこしい話ですが、大事なことなので頑張って理解してください。

再就職した場合、だいたい再就職先で年末調整がされます。それで払い過ぎている税金の還付を受けることができるのです。だから、この場合は、自分で確定申告をする必要はありません。

が、それも再就職先の実情によって、若干違ってくるのです。

再就職した場合は、1年間に二箇所以上の職場から給料をもらっていることになりますので、本来は、両方の職場での給料を通算して、年末調整をしなくてはなりません。

しかし、会社によっては、そんな面倒なことはせずに、自分の会社が払った給料分のみで年末調整をすることもあります。

大企業から中小企業に再就職したときなどでは時々あるパターンです。

そういう場合、前の会社で源泉徴収されている分については、放置されていますので、両方の給料を通算した「年末調整」が必要になります。

前の会社の分と通算されているかどうかは、源泉徴収票を見ればわかります。給与の総額が、前の会社の分が加算されていればＯＫ、再就職先の会社の分だけしか記載されていなければ還付、ということになるのです。

たとえば、前の会社で1月から3月まで２００万円の給料をもらっていて、再就職した会社では5月から12月まで３００万円もらっていた人がいるとします。前の会社の分を合算して年末調整されていれば、「支払い総額」の欄には、５００万円と記載されているはずです。でも「３００万円」と記載されていれば、合算はされていないことになりますので、確定申告をする必要が出てきます。

もし、わからなければ、再就職先の会社に尋ねてみてください。

「前の会社の分も通算して、年末調整されていますか」

と。そうすれば、教えてくれるはずです。

第3章

温泉療養で節税
医療費控除を使い倒そう

医療費控除を使い倒せ！

何度かいいましたように本書は、サラリーマンの節税策についてご紹介するものです。で、「サラリーマンも節税策はたくさんある」ということは、ある程度わかっていただけたと思います。

今の段階でも多くのサラリーマンの方が、「自分でもできそうだ」と思っていただいた項目があるのではないでしょうか？

でもサラリーマンの方のほとんどは確定申告をしたことがありませんよね？で、何から始めたらいいかわからないようなケースも多いと思います。

その場合は、この章でご紹介する「医療費控除」から手を出してみてはいかがでしょうか？

医療費控除という言葉を聞いたことがある方も多いでしょう。

年末のビジネス誌などで時々、特集されたりしていますからね。

「医療費控除って、やってみたいけれど、どうやればいいのかわからない」という人も多いでしょう。

そういう方々は、ぜひこの機会にチャレンジしてみてください。

医療費控除は、対象範囲が広いので誰にでも簡単にできるものなのです。そして、医療費控除はほとんどの方が、少額であっても税金還付になるのです。

サラリーマンが「税金が還付されるとはどういうことか」と体感するには、うってつけのアイテムといえます。

医療費控除は、簡単にいえば、年間10万円以上の医療費を支払っていれば、若干の税金が戻ってくる、という制度です（本当はもう少し複雑な計算があります、詳細は後述）。

そして医療費の領収書さえ残しておけば、誰でも医療費控除の申告をすることができます。だから、やろうと思えば、今日からでもできるのです。

「俺は、病院なんてめったに行かない。だから医療費控除なんて関係ない」

と思った方もいるでしょう。

でも、医療費控除というのは、病院に支払ったお金だけが対象ではないのです。病院での治療費、入院費のみならず、通院での交通費、薬屋さんで買った市販薬、場合によっては、ビタミン剤、栄養ドリンク、按摩、マッサージなども含まれるのです。また昨今、はやりの禁煙治療、ＥＤ治療などの費用も医療費控除の対象になるのです。

そういうのを全部足したら、だいたい誰でも年間10万円以上にくらいにはなるでしょう？

ちなみに医療費控除の対象となる主な医療費は次の通りです。

①病気やけがで病院に支払った診療代や歯の治療代
②治療薬の購入費
③入院や通院のための交通費
④按摩・マッサージ・指圧師、鍼灸師などによる施術費
⑤保健師や看護師、特に依頼した人へ支払う療養の世話の費用
⑥助産師による分べんの介助料
⑦介護保険制度を利用し、指定介護老人福祉施設においてサービスを受けたことにより支払った金額のうちの2分の1相当額や一定の在宅サービスを受けたことによる自己負担額に相当する金額
（注）この他にも医療用器具の購入費、義手や義足等の購入費用も対象となります。

けっこういろんなものが対象になるでしょう？

また医療費控除には他にも、いろんな裏ワザがあるのです。禁煙治療、ＥＤ治療、それに場合によっては温泉療養、スポーツジムの会費なども、医療費控除とすることもできる

のです。

これを知っているのと知らないのとでは、大違いです。

なので医療費控除は、サラリーマンが節税をする上での突破口ともいえます。医療費控除は、サラリーマンの節税の基本的な要素を備えています。医療費控除を会得すれば、他のいろんな節税方法も使えるようになるのです。

普通の家庭でも３万〜４万円の税金還付がある！

まずは医療費控除の仕組みについて、簡単にご説明しておきましょう。

医療費控除というのは、その年において多額の医療費を支払った場合に、その支払った医療費のうち一定の金額をその年の所得金額から控除できるというものです。

医療費控除の計算は以下の通りです。

その年に支払った医療費（保険金等で戻った金額を除く）－10万円（注）

＝医療費控除額（最高２００万円）

（注）10万円又は所得金額の５％いずれか少ない金額となります。

たとえば、年収500万円の人がいたとします。この人（家庭）の年間の医療費が30万円かかったとします。

となると、30万円から10万円を差し引いた残額20万円が医療費控除額となります。課税対象となる所得から20万円を差し引くことができるのです。つまりは、これに税率をかけた分が還付されます。この人の場合だと、所得税、住民税合わせてだいたい3万〜4万円が還付されると思ってください。

年間30万円くらいの医療費って、普通の家庭で普通に使っているものです。それを申告すれば3万〜4万円が戻ってくるのです。

つまりは、普通の家庭が普通に申告すれば、3万〜4万円が還付になるのです。サラリーマンのお父さんの小遣いの平均が月3万円程度とされているので、お父さんの1か月分のお小遣いが浮くということになります。

医療費控除を申告するのとしないのとでは、大きな違いでしょう？

医療費控除の対象となる市販薬、対象とならない市販薬

医療費控除の額を増やそうと思えば、まず重要ポイントとなるのが、市販薬です。

病院に行かない人でも、市販薬というのはけっこう購入しているものです。風邪薬、目

薬、湿布など、健康な人でも何かしら購入しているものでしょう？
この市販薬を医療費控除として申告できれば、医療費控除の範囲はグンと広がるはずです。

で、市販薬の場合、医療費控除の対象となるケースとならないケースがあります。その違いは何なのか、というと、簡単にいえば「治療に関するものかどうか」ということです。

「治療に関するもの」とはどういうことかというと、怪我や病気をしたり、体の具合が悪かったりして、それを「治す」ために買ったものであれば、医療費控除の対象となるということです。医者の処方のない市販薬でも、大丈夫です。

一方、「治療に関するもの」でないものというのは、予防のためや置き薬のために買ったものなのです。つまり、具体的な病気、怪我の症状があって、それを治すために買ったものであればＯＫ、そうじゃない場合はダメということです。

でも予防か治療かというのは、曖昧な部分でもあります。

たとえば、ちょっと風邪気味だなあ、薬でも飲んでおくか、と思って市販薬を購入した場合。これは予防なのか、治療なのか、判別は難しいところです。

こういうときは、どう判断すればいいか？

有体にいえば、自分が「治療だと思えば治療」ですし、「予防だと思えば予防」ということになるのです。

日本の税制では、「申告納税制度」というシステムを採用しています。これは、税金は納税者が自分で申告し、自分で納めるという制度です。この申告納税制度のもとでは、納税者が申告した内容については、明らかな間違いがなければ、申告をそのまま認めるということになっています。

だから、医療費控除の場合も、本人が治療のためと思って購入した市販薬については、税務当局が「それは治療ではなく予防のためのものだ」ということを証明できない限りは、治療のために購入したとして認められるのです。

もちろん、これは治療か予防か、曖昧なものに限られます。明らかに予防のために購入したということが客観的にわかるものを「これは治療のために買った」と言い張っても、それは通りませんので、ご注意ください。

ちなみに、医療関係の支出で、医療費控除の対象とはならないものの具体例が、税務当局から出されていますので、ご紹介しておきますね。

医療控除の対象とならない主な費用

① 医師等に対する謝礼

②健康診断や美容整形の費用
③予防や健康増進のための健康食品や栄養ドリンク剤などの購入費
④近視や遠視のためのメガネや補聴器等の購入費
⑤お見舞いのための交通費やガソリン代
（注）親族などに支払う世話代や未払いの医療費なども対象とならない。

ビタミン剤、栄養ドリンクも医療費控除の対象になる

これもあまり知られていませんが、ビタミン剤や栄養ドリンクも、一定の条件を満たしていれば医療費控除の対象となります。

ビタミン剤や栄養ドリンクも、病気などの治療に効果がある場合もありますからね。

ビタミン剤や栄養ドリンクを医療費控除に含めることができれば、医療費控除の額はかなり増加するのではないでしょうか？

「病院にもいかない、薬も買わない」

という人でも、ビタミン剤や栄養ドリンクを買う人は、けっこういますからね。なので、医療費控除の申告をする際には、ぜひビタミン剤、栄養ドリンクを対象に含める術を会得していただきたいものです。

ビタミン剤、栄養ドリンクなどを医療費控除に含めるために一定の条件というのは、次の二つです。

・何かの体の不具合症状を改善するためのものであること

・医薬品であること

つまりは、体がどこも悪くないけれど、とりあえず飲んでおこう、というようなビタミン剤、栄養ドリンクはダメだということです。

どこか具合が悪いところがあって、それを改善するために飲む、というのがまず原則です。ただし、これには医者の処方せんなどは必要ありません。

まあ、ビタミン剤や栄養ドリンクを飲むときというのは、体がどこか悪いときですからね。だから、ビタミン剤や栄養ドリンクもかなりの範囲で、医療費控除の対象になるということです。

それと気をつけなくてはならないのが、ビタミン剤や栄養ドリンクは、医薬品じゃなくてはならない、ということです。ビタミン剤や栄養ドリンクも多々ありますが、医薬品になっていないものは、対象とはならないのです。ビタミン剤や栄養ドリンクを買う際には、医薬品かどうかをチェックしておくのがいいかもしれません。

按摩、マッサージ、鍼灸も医療費控除の対象になる！

これも、あまり知られていませんが、按摩、マッサージ、鍼灸などの代金も、一定の条件を満たせば、医療費控除の対象になります。

最近では、パソコンのデスクワークの方も多く、眼精疲労などで按摩、マッサージなどを利用する方も増えているようです。マッサージ店などは、最近、非常に増加していますからね。

でも按摩とかマッサージってけっこうお金がかかりますよね。だいたい10分で千円といわれているので、1時間マッサージをしてもらえば6千円くらいになるわけです。

これが、もし医療費控除の対象になれば、サラリーマンの方にとっては非常にありがたいわけです。

で、按摩、マッサージ、鍼灸などを医療費控除とするには次の二つの条件を満たしておかなければなりません。

・何かの体の不具合症状を改善するためのものであること
・公的な資格などを持つ整体師、鍼灸師などの施術であること

これも栄養ドリンクなどと同じように、「体がどこも悪くないけれど、とりあえずマッ

サージしてもらおう」というような場合はダメだということです。どこか具合が悪いところがあって、それを改善するために施術を受ける、というのが原則です。

またどこの店でもいいというわけではなく、ちゃんと公的な資格をもった整体師、鍼灸師などの施術じゃないとダメということです。公的な資格を持った整体師、鍼灸師などの店かどうかは、事前にホームページなどで確認しておきましょう。

ED治療費も医療費控除の対象となる!

EDというと、中年以降の男性にとっては、誰もがある程度はドキッとする言葉ではないでしょうか?

若いときのようにはいかない、明らかにパワーが落ちている。パワーが落ちるだけならばまだいいけれど、もうパワーがなくなっている。そうなれば、なんか男として賞味期限が終わったような気持ちになって、かなり落胆してしまうはずです。パートナーのためにも、なんとかしてパワーを取り戻したい、それはごく当然の男心というものでしょう。

しかも最近は、若い人でもEDになってしまっている人が多いようです。

ご存じの方も多いようですが、このED、病院で治療も受けられます。治療を受けてみたいと思っている方は、潜在的にけっこういるのではないでしょうか?

そして、このED治療に関してかかった費用は、医療費控除の対象となるのです。

このことは、実はほとんど広報されていません。確定申告のマニュアル書などでも、これが記載されているのは見たことがありませんし、国税のホームページなどにも載っていません。

だから、ちょっと自慢させていただければ、マスコミ的にほぼ初公開の情報なのです（もしどこかですでに公開されていたら、ごめんなさい）。

EDは、医療関係的には病気として扱われ、治療の対象となっているわけなので、医療費控除の対象になるわけです。これは筆者の勝手な解釈ではなく、東京国税局の村井相談官に確認済みのことですので間違いありません。

ED治療もけっこうなお金が必要なようですが、医療費控除の申告をすれば若干でもそれが取り戻せるわけです。ED治療を受けられた方、これから受けようと思っておられる方、ぜひ医療費控除を忘れずに。

禁煙治療も医療費控除の対象となる！

昨今では、社会的、国際的に禁煙の風潮が高まっていて、スモーカーの皆さんにとっては受難の時代です。公共施設はおろか、商業施設のほとんどで原則禁煙となってしまいました。会社でも大半は禁煙になっていますよね。

スモーカーは、ガラス張りの鶏小屋みたいな喫煙室で、うつむきながらタバコを吸うしかないようになっているようです。

スモーカーもそういう迫害に耐えかねて、タバコをやめる人も増えています。

で、一部の病院では禁煙治療ということも始めました。

喫煙を一種の「ニコチン中毒」とみなし、それを治療しようというわけです。

この禁煙治療って、けっこうお金がかかります。数万円から数十万円かかるケースもあるようです。

で、あまり知られていませんが、この禁煙治療にかかった費用も医療費控除の対象になるのです。これも、今までの確定申告のマニュアル本などには書かれておらず、おそらくマスコミで初めて公開される情報だと思われます。

で、これも筆者の勝手な解釈ではなく、東京国税局相談室の村井氏に確認済みのことなので、間違いありません。

だから、病院で禁煙治療をしたという人は、忘れずに医療費控除をしてください。

ちなみに、筆者も一日最低一箱吸っていたミドルスモーカーでしたが、ある方法で禁煙に成功しました。

その方法は、「タバコを吸う前に禁煙用のガムをかむ」というものでした。

どういうことかというと、「禁煙する」となると辛いのでタバコは吸ってもいいけれど、タバコを吸う前に必ず禁煙用のニコチン入りガムをかむ、ということを自分に課したのです。いきなり「タバコを吸わない」というのはシンドイので、「タバコを吸ってもいい、その代わり、禁煙ガムを噛んでからだよ」ということです。

これは効果てきめんでした。タバコを吸う前に、禁煙ガムを噛むと、ニコチンが体の中に入っているので、タバコが非常にまずくなります。とてもタバコなんて吸えたものではないのです。タバコがまずいから、だんだんタバコを吸いたくなくなり、それとともに禁煙ガムの量も減らしていき、2か月程度でほぼ完全にやめることができました。

筆者はそれまで無理やりタバコを吸わないという方法で何度か禁煙に失敗していたんですが、この方法ではすんなりやめられました。

「タバコを吸いたい」⇔「タバコを吸ってはいけない」

というジレンマをそう感じず、自然にタバコを嫌いになっていったんです。

ただし、これは、禁煙ガムの正規の使い方ではありませんし、医学的に根拠があるものでもありませんので、その点、悪しからずご了承ください。

ちなみに禁煙ガムも、医薬品であれば、医療費控除の対象になります。

薄毛治療は医療費控除の対象になるのか？

前項では、ＥＤ治療や禁煙治療も医療費控除の対象になるということをご紹介したわけですが、男性にとってはもう一つの気になる治療がありますよね？

ＡＧＡと呼ばれる、あれ…そう薄毛です。

薄毛も、今では病院での治療の対象になっているわけですから、当然、医療費控除の対象になってもおかしくないはずです。

なので、ＡＧＡの治療は、医療費控除の対象になるかどうか、国税庁に聞いてみました。

東京国税局の村井相談官によると、「薄毛治療が医療費控除の対象となるかどうかは、現在検討中」とのことです。

で、私が「検討結果はいつ出るのですか？」と聞くと「それは教えられません」とのことです。検討結果がいつ出るのか、教えてくれないと納税者は困るでしょうに。

「こっちが決めるまで待て、いつ決めるかは教えられない」

というわけです。国税庁という組織は、そういう「上から目線」の体質があります、昔から。

話を元に戻しましょう。

で、薄毛治療については、検討中であり、正でもなければ否でもないという状態です。

もし薄毛治療をされている方は、試しに医療費控除の申告をしてもいいでしょう。もしダメだったら、国税の方が否認してくるでしょう。否認されても、追徴税が発生するわけではありませんから。また今のところ国税には否認する根拠もないのだから、どういう理由で否認してくるのか見ものでもあります。

温泉療養で税金を安くする

医療費控除には、面白い裏ワザがたくさんあります。

その代表的なものが、「温泉療養」です。

医療費控除では、一定の温泉療養でかかった費用も対象となるのです。温泉に入ることで、病気や怪我の治療になることもあるからです。

温泉に行ったら税金が安くなるなんて、こんな美味しい話はないはずです。

しかも温泉療養の場合、温泉施設の利用料だけではなく、温泉までの旅費や旅館の宿泊費なども、医療費控除の対象となります（必要最低限の費用のみであり、旅館での飲食費や、グリーン料金などは認められません）。

ちょっと休みが取れたら、温泉に行きたい、と思っているサラリーマンの方も多いはずです。そういう温泉旅行が、節税にもなるというわけです。

ただし、というか、もちろんというか、温泉旅行が無条件に医療費控除の対象となるわけではありません。

一定の条件があります。

その条件は、次の二つをクリアすることです。
・医者が温泉療養を病気等の治療になると認めた場合（医者の証明書が必要）
・厚生労働省で認められた温泉療養施設を利用した場合
つまり、温泉療養を治療と認めてもらうには、医者から証明書を出してもらわなければなりません。でも、これは医者に頼めば比較的簡単に出してくれます。医者は、自分の腹が痛むわけではありませんからね。

医者は温泉療養指示書というものを出し、その指示書に従って、療養施設のスタッフが温泉療養をケアしてくれます。といっても、基本は温泉に入ることですけどね。

また厚生労働省が認めた温泉療養施設は、全国に20か所あります（平成28年現在）。

詳しくは温泉利用型健康増進施設連絡会のホームページをご覧ください。

http://www.onsen-nintei.jp/

スポーツ施設利用料も医療費控除の対象となる

温泉療養費用と同じように、スポーツジムに行った費用を医療費控除の対象とすることもできます。

メタボリック症候群、成人病の多くは、運動不足が要因の一つといわれており、運動することは、治療の一環でもあるからです。

スポーツジムに行こうと思っているサラリーマンは、けっこういるのではないでしょうか？　もしスポーツジムに行けて、節税になるのなら、一石二鳥というものです。

もちろん、スポーツ施設を使えばどんなものでも対象となるということではありません。

次の条件をクリアしなければなりません。

・高血圧症、高脂血症、糖尿病、虚血性心疾患等の疾病で、医師の運動処方せんに基づいて行われるものであること。

・概ね週1回以上の頻度で、8週間以上の期間にわたって行われるものであること。

・運動療法を行うに適した施設として厚生省の指定を受けた施設（「指定運動療法施設」）で行われるものであること。

つまり、スポーツ施設の利用を治療と認めてもらうには、医者の証明書が必要となりますし、若干ハードルは高いかもしれません。が、該当する人は、利用しない手はないでしょう。

対象となる指定運動療法施設は、全国で187か所あります。あなたの住んでいる地域の近くにもきっとあるはずです。

詳しくは、日本健康スポーツ連盟のホームページをご覧ください。

http://www.kenspo.or.jp/

交通費、タクシー代も医療費控除の対象になる

医療費控除を申告する際に、忘れられがちなのが交通費です。

医療費控除というと、病院などでかかった治療費や薬代だけが対象だと思われがちです。しかし、病院や薬局に行くまでの交通費も対象になるのです。

対象となる交通費は、合理的な方法で交通機関を利用した場合の交通費ということになっています。平たくいえば、普通の経路で電車やバスを利用すれば、それが認められるということです。

また場合によっては、タクシー代も医療費控除の対象になります。

タクシー代が、医療費控除の対象となる場合というのは、病状などから見て、タクシー

を使わざるを得なかったときということになっています。

が、病院に行くときにタクシーを利用する場合は、そのほとんどで病状が悪かったり、緊急を要したりするものです。だから、病院へ行くときタクシーを使ったほとんどの場合、医療費控除として算入していいといえます。

この交通費を計上すれば、医療費控除の額はけっこう大きくなるのではないでしょうか？

特に定期的に病院に通っているような人は、かなり交通費がかさんでいるはずです。

「えぇーっ！　知らなかったよ。でも領収書をもらっていないよ、残念」

というような方もおられるかもしれません。

が、そういう場合も諦める必要はありません。電車やバスなどで、交通費がかかった場合は、一回にかかる電車賃、バス賃と、病院に行った回数を集計して、計上しておけばいいでしょう。税務署もそこまでうるさくはいいません。タクシー代などの場合は、領収書がないと難しいでしょう。

子供の歯の矯正もOK

医療費控除の裏ワザの中には、「子供の歯の矯正」というのもあります。

何度か触れましたが、医療費控除というのは、原則として病気や怪我を治す医療費しか認められません。病気の予防や美容に関するものは、控除対象にはならないのです。だから、基本的には歯の矯正も控除対象にはなりません。

ですが、子供（未成年）の歯の矯正に限っては、医療費控除の対象となるのです。子供の場合は、歯の不正咬合によって、体調などに影響が出る、ということになっているようで、歯の矯正は治療の一環として認められるのです。

歯の矯正は、非常にお金がかかるものです。なので、いつか矯正したいと思っているならば、子供のうちに矯正をしておけば、将来のためにもなるし、節税にもなるということです。

医療費控除のグレーゾーンを認めさせる方法

医療費控除というのは、グレーゾーンがけっこうあります。

たとえば、病院にタクシーで行った場合のタクシー代です。

先ほども述べましたように病状的に電車などに乗れなかったり、緊急を要する場合だったりなど、タクシーで行く必然性があれば、控除対象として認められます。でも、必然性がないのに、タクシーを使った場合は、医療費控除としては認められません。

しかし、必然性があるかどうかの判断というのは、なかなか客観的に見るのは難しいものです。病気や怪我をしたときは、なるべく身体に負担をかけたくないので、タクシーを使うことが多いものです。

その場合、必然性があったかどうかというのは、客観的には何ともいえません。

また前にも述べましたように、市販薬などでも、治療のために買ったものは医療費控除の対象になりますが、予防のためのものは対象になりません。この場合も、治療か、予防かという客観的な判別はなかなか難しいものがあります。

按摩や鍼、マッサージなどでもそうです。どこか身体の具合が悪いときに、按摩や鍼、マッサージなどをしたときは、医療費控除として認められますが、特別に身体が悪くないときは、認められません。

しかしそもそも按摩や鍼というのは、体の調子が悪いときに施すことが多いはずです。なので、治療ということもできるはずですが、見方によっては、「どこも悪くない」という場合もあります。

こういう曖昧なケースを、医療費控除として認めさせる方法があります。

それは、「自分で申告する」ということです。

先ほども述べましたように、日本の税制では、納税者が申告したことに関しては、原則として認められます。

税務当局は、客観的に間違いを証明しない限り、納税者の申告を認めざるを得ないのです。医療費控除のグレーゾーンについて、税務当局が客観的な間違いを証明するのは非常に難しいものです。だから、自分で申告する限り、グレーゾーンはほぼ認められるということなのです。

「自分で申告をする」

というのは、当たり前のことでもあります。日本の税制では、税金の申告は基本的に自分で行うことになっていますから。

ただ、サラリーマンの場合、税務署で申告書をつくってもらうことが多いでしょう？

そうなると、認められないケースもあるのです。税務署員から、いろいろ聞かれて、「このタクシー代は、医療費控除に入れるのは難しい」などと言われれば、引き下がってしまうものです。

だから、医療費控除の確定申告に関しては、税務署につくってもらうのではなく、自分で申告をした方がいいということなのです。

医療費10万円以下でも医療費控除を受ける方法

この章の冒頭では、医療費控除は、医療費がだいたい10万円以上かかった場合に受けられる、と述べました。

が、実は、医療費が10万円以下でも、医療費控除を受けられる場合があります。

というのも、医療費控除は、医療費が「10万円以上」か「所得の5％以上」かかった場合に受けられるとなっています。

だから、所得が200万円以下であれば、所得の5％は10万円以下になります。つまり医療費が10万円以下でも、所得の5％以上医療費がかかっていれば、控除の対象となるのです。

たとえば、所得が150万円の人は、所得の5％は7万5千円になります。なので、7万5千円以上医療費がかかっていれば、医療費控除が受けられるのです。

この場合の「所得」というのは、サラリーマンならば、給与所得控除後の金額となります。だいたい年収250万円前後のサラリーマンの所得の5％が10万円となります。サラリーマンのほとんどは、年収250万円以上なので、ほとんどの人は「医療費控除は10万円以上かかった場合」となります。

しかし、収入が250万円以下ならば、医療費が10万円以下でも医療費控除が受けられる可能性があるのです。

また夫婦共働きなどで、妻（もしくは夫）の収入が約250万円以下ならば、妻の方から家計の医療費を払ったことにすれば、医療費が10万円以下でも控除を受けられます。

夫婦共働きなどの場合、「どちらの収入から医療費を支払ったか」というのは、決まっているわけではありません。

だから、「どちらの収入から医療費を支払ったか」ということは、納税者側が主体的に決めることができるのです。つまり、妻（もしくは収入の低い方）が家庭の医療費を全部負担したということにしても問題はないのです。

第4章

副業して税金還付
国税公認の無税スキーム

税金をゼロにすることもできる「副業節税」とは？

「副業をすれば節税になる」

という話を聞いたことがないでしょうか？

雑誌などでも時々、取り上げられるので聞き覚えのある方もおられると思います。副業をすれば、新たに税金を払うのではなく、むしろ会社で源泉徴収されている税金が還付される可能性があるのです。

サラリーマンでも副業をすれば、自分で経費を積み上げて税金を調整することができるのです。そして経費を積み上げることで、副業の税金だけではなく、サラリーマンとしての給料から差し引かれている税金も、減らすことができるのです。理論的には、給料から差し引かれた税金を全部取り戻すこともできるのです。

そんな夢のようなことがあるか、と驚かれる方もいるかもしれませんが、これは脱税でも何でもなく、ちゃんと認められた節税方法なのです。

このことを知っているのと知らないのとでは大違いです。

副業をしている人、これから副業をしたいと思っている方はもちろんのこと、副業にまったく興味のない方にとっても、知っておいて損のない知識だと思われます。

「サラリーマンが副業をして税金還付を受ける」というのは、簡単にいえば、「副業をして赤字を出し、サラリーマンの給料から源泉徴収された税金を還付してもらう」ということです。

昨今では、会社で副業を奨励するようなところもあり、サラリーマンの副業の方法も、いろいろあります。

ネットのアンケートに答えて小銭を稼ぐようなものから、メルカリなどでモノを売ったり、中にはコンビニなどでアルバイトをしている方もおられるでしょう。

そのすべてで、「サラリーマンの給料から源泉徴収された税金を還付してもらう」ことができるわけではないのです。

このスキームが使えるのは、「副業として自分で事業をやっている人」「副業として不動産業をやっている人」に限られます。

副業としてコンビニなどでバイトをしているような人、つまりはパートやアルバイトの人は、「サラリーマンの給料から源泉徴収された税金を還付してもらう」ということはできません。ただし、パートやアルバイトの人は、パートやアルバイトの給料が源泉徴収されている場合があり、この源泉徴収分は還付される可能性があります。

またメルカリでものを売っているような人、ネットのアフィリエイトで稼いでいるような人は、「自分で事業をやっている人」ということになるので、「サラリーマンの給料から源泉徴収された税金を還付してもらう」可能性があります。

副業で赤字を出し、それを給料から差し引く

次に本章のテーマである

「サラリーマンが副業して税金が還付される」

という仕組みについて、ご説明したいと思います。

これはざっくりいえば、サラリーマンが副業で赤字を出し、その赤字を給料から差し引くことで、会社から源泉徴収されていた税金が還付される、ということです。

「副業して赤字を出したら税金が戻ってくる」

と言われても、「?·?」と思う人も多いはずです。

また、赤字が出たら損をするんじゃないのと思う人もいるでしょう。

しかし、不思議なことに、実質的には損が出ていなくても副業で赤字を出し、税金を還付してもらうことは可能なのです。

その仕組みを理解するには、ちょっと税金の知識が必要となります。

それを順にご説明しましょう。


サラリーマンが会社から天引きされている税金というのは、所得税と住民税です。

所得税も住民税も、その人の所得に応じてかかる税金です。

つまり、所得税も住民税も「所得」に対してかかってくる税金というわけです。

でも、この税務上の所得というものが、実はちょっと複雑なのです。

税金が課せられる所得には、給与所得、事業所得、不動産所得など10個の種類があります。

サラリーマンの所得は、通常は給与所得に分類されます。

しかしこの所得の種類は、一人が一個とは限りません。たとえば、サラリーマンをやりながら不動産収入がある人もいます。そういう人の場合は、給与所得と不動産所得があることになります。

そういう「複数の所得がある人」は、それぞれの所得を合計して、その合計額に対して税金が課せられることになります。

そして、給与所得と事業所得がある人の場合、二つの所得は合算されることになっているのです。

たとえば、給与所得が500万円、事業所得が500万円あった場合、この人の所得は合算され1千万円ということになります。事業所得というのは、事業を行ったときの所得のことです。


そして事業所得には「赤字」を計上することが認められています。

つまり、事業所得はプラスだけではなく、マイナスになることもあるのです。事業所得というのは、先ほども述べましたように、何か事業を行ったときの所得のことです。

給与所得と事業所得がある人が、事業所得に赤字があれば、その赤字を給与所得から差し引くことができることになっています。

たとえば、給与所得が600万円、事業所得は赤字が300万円あった場合、この人の所得は600万円－300万円で、300万円ということになるのです。

この人の場合、会社の源泉徴収では、600万円の所得として税金が差し引かれています。でもこの人の合計所得は300万円しかないので、納め過ぎの状態になっているのです。

これを税務署に申告すれば、納め過ぎの税金が戻ってくる、というわけなのです。

副業で税金が還付になる仕組み

給与所得 － 事業所得の赤字 ＝ 本来の自分の所得
→これに税率をかけたものが本来の自分の税金になる

給与からすでに源泉徴収された税金は、本来の自分の税金よりも多くなっているので
給与所得で源泉徴収された税金－本来の自分の税金＝還付される税金

例・給与所得が600万円、事業所得が300万円の赤字の場合
給与所得600万円－事業所得の赤字300万円＝自分の所得300万円
給与所得600万円として税金が源泉徴収されているので
給与所得600万円分の税金－所得300万円分の税金＝還付される税金

副業節税の条件

ただしこの節税方法にはいくつか条件があります。

まずは副業を事業所得として申告することです。

本来、副業的な収入は雑所得として申告するのが普通です。雑所得というのは、他の所得に区分されない所得、年金所得など額が小さくて取るに足らない所得などのことです。

この雑所得というのは、赤字が出ても他の所得と通算することができません。

たとえば、売上80万円で、経費が100万円だった場合、雑所得はゼロということにされ、赤字の20万円は税務申告の上では無視されてしまうのです。

なので、「サラリーマン副業節税」をする場合は、雑所得ではなく、事業所得として申告するのです。事業所得ならば、赤字が出た場合、他の所得と差し引きができるからです。

つまり、サラリーマン副業節税は、「副業を事業所得で申告する」というのが、肝心なことです。

「事業」というと、大々的に商売をしているという印象があり、ちょっとした副業程度では事業とはいえないような感じもあります。

しかしサラリーマンが本業をしながらできる副業であっても、事業所得として申告することは不可能ではない、のです。

また実はサラリーマンをしながら事業所得を申告している人は昔からたくさんいます。

たとえば、サラリーマンをしながら家業の酒屋を継いでいるというような人の場合。そういう人たちは昔から立派に「事業」として申告していたのです。

だから理屈の上では、どのような「事業」であろうと、事業をしていれさえすれば事業所得として申告することは可能なのです。

が、かといって副業をすれば、誰でもすぐに「事業所得」として申告できるわけではありません。

一定の条件があるのです。

これまでサラリーマンの副業を「事業所得」として申告するのか雑所得として申告するのかの税務上の明確な線引きはありませんでした。

しかし、2022年に国税庁が「取引の記録を帳簿で残すこと」という条件で、「事業所得としての申告を認める、という通達を出しました。

この取引記録というものは、ノート記載など簡易なものでもいいということになっています。ただし事業の実態がないのに、取引記録だけを残してもダメです。

副業を事業所得で申告するには、

・事業の実態があること
・取引の記録を帳簿で残していること
が条件だといえます。

「事業の実態」は必要

「サラリーマンが事業をして赤字を出し、給料所得から赤字を差し引く」ときには、「事業の実態」がなければなりません。

税金の世界では、「社会通念上」という考え方があります。明確な線引きがされていない部分では、「社会通念上」に照らし合わせて是か非かが判断されるのです。

なんの事業の実績もないのに、ただ届け出を出すだけで、「私は事業をやっています」ということにはならないのです。

まったく収入がない、実態がないのに、経費だけ計上してきて、それをすんなり認めるほど、日本の税務当局はお人好しではありません。

たとえば、何の事業活動もしていないのに、「ネットで通販しています。売上はゼロで、経費が300万円かかりました」と言っても、通用しないのです。

税法では、この「社会通念上」という判断基準は、裁判所の判例でも認められているのです。法的に明確に「黒」と記されていなくても、社会通念上に照らし合わせておかしいものは、「黒」と判断する、ということです。

だから、普通のサラリーマンが、実態のない副業を適当につくって、節税をしようとしても、それは認められない可能性が高いのです。

ただし、逆に言えば、事業の実態があれば、いくら経費がかかっていても赤字は認められるのです。たとえばＹｏｕＴｕｂｅの制作のために、高価な機材をそろえたけれど、アクセスが伸びず、大きな赤字が出た人がいたとします。しかし、ちゃんとＹｏｕＴｕｂｅを制作し、それなりの頻度で更新するなどの事業活動を行っていれば、それは事業として認められるのです。

くれぐれも、「事業の実態がなければ認められない」ということについては注意しておきましょう。

事業で赤字が出ても損はしていない？

「副業で赤字を出す」

ということは、どういうことなのか、少し説明しましょう。

事業で赤字を出して税金を安くする、ということは、事業で損をするということでもあります。だから、普通に考えれば、税金が安くなったところで、事業で損をすれば、本末転倒ということになります。

しかし、事業の経費の中には、プライベートの支出に近いようなものもたくさんあります。そういう経費をどんどん積み上げることで、実質的には、事業で損はしていないのだが、申告上は損を出すのです。

たとえば、自分の借りているアパート、マンションなどで仕事をしていれば、「自宅の一部が仕事場になっている」ということにし、家賃の一部を経費として計上するのです。電気代、水道光熱費なども同様です。

もちろん経費は、これだけではありません。

パソコンを使って仕事をするような人は、パソコンの購入費やインターネット料金も、経費に計上するし、テレビやDVDで情報を収集するような場合は、その購入費も経費に計上します。

また書籍などの資料を購入した場合も、もちろん経費に計上します。情報収集のために雑誌を買った場合も同様です。

さらに、仕事に関係する人と飲食などをした場合は、接待交際費として計上するのです。

つまり、副業でありながら、実質的には経営者のような経費の使い方をするのです。

そうやって赤字を積み上げるのです。

だから、実際には、損をしたという感じではないのに、事業所得を赤字にできるのです。

個人事業者の税金の決め方

これから具体的に赤字申告をする手順をご紹介していくわけですが、まずは事業をして確定申告をする場合の税金の仕組みをざっくり説明したいと思います。

個人事業者の税金というのは、その年に儲かったお金（所得）に対してかかってきます。この所得というのは、事業でいわれるところの「利益」にあたるものです。所得税も住民税も事業税も基本的には同様です。

だから個人事業者は、まずその年に儲かったお金（所得）を計算することになります。

そして、どれだけ儲かったか、という計算は、基本的には売上から経費を差し引いて算出します。

その残額が、儲かったお金つまり所得ということになるのです。その所得に対して、所得税がかかることになります。この計算式は青色申告でも白色申告でも同様です。また住民税や事業税も基本的にこの計算式となります。

個人事業者の税金の決め方

事業の売上－事業の経費＝事業所得
（事業所得－所得控除）×税率＝所得税
→住民税の所得割も連動

個人事業者の税金は、売上から経費を差し引いて算出するわけですが、経費というものが税金に大きく影響します。

売上というのは相手があることですから恣意的に増減することはなかなか難しいものがあります。しかし、経費は自分の意志で増減することが可能です。そして経費が多ければ税金は少なくなり、経費が少なければ税金は多くなるのです。

経費というのは、事業の中で必要な支出のことです。

一般的には、商品や材料の仕入代金、事務所の家賃、人件費、通信費、交通費などが想像されることでしょう。

が、個人事業者に認められている経費というのは、けっこう範囲が広いのです。自宅家賃や光熱費、交際費、家族への給料なども場合によっては計上することができます。

個人事業者の経費として認められている基準は、ざっくり言うと、「事業に関係している支出かどうか」ということです。事業に関係している支出であれば、概ね経費となるのです。

そしてこの経費を積み上げることによって、事業を赤字にし、税金還付を受けるということなのです。

主な経費の種類

給料賃金…人を雇った場合に支払った給料や賃金
外注費…仕事の一部を業者に依頼したときの代金
減価償却費…固定資産を購入した際の減価償却費
地代家賃…建物や土地を借りたときの賃料
支払利子…事業のためにお金を借りたときの利子
旅費交通費…出勤、出張したときなどの交通費
通信費…事業での電話、ネットなどにかかった費用

接待交際費…接待交際にかかった費用
損害保険料…事業上での損害保険に加入したときの保険料
修繕費…事業に使う設備、機械などを修繕する費用
消耗品費…消耗品を購入した費用
福利厚生費…福利厚生にかかった費用
雑費…その他の雑多な費用

事業のための機材や設備を整えよう

経費を積み上げる方法として、まず考えていただきたいのが「事業のための機材や設備を整える」ということです。

副業といえども、事業をするにはそれなりの機材や設備を整えなくてはなりません。

たとえば、ネットで何かを売る商売を始める場合には、まずパソコンが必要ですし、アプリなども必要となるでしょう。ＹｏｕＴｕｂｅｒになろうと思えば、撮影機材なども必要となります。

そういう事業のための機材や設備を整えることで、経費を積み上げるのです。

そうすれば、事業をやるための設備投資をしながら節税もできるのです。

ただし機材や設備を購入する際には、まずは一つの機材を10万円未満に抑えることを考えましょう。10万円以上のものを買うと、減価償却をしなければならなくなるからです（減価償却についての詳細は後述）。減価償却も上手に使えば、大きな節税策となり得るのですが、手っ取り早く経費を積み上げるには10万円未満の方がいいのです。

また青色申告をしている人は、前述しましたように、10万円未満ではなく30万円未満の固定資産までは、減価償却をせずに一括して経費に計上することができます。ただし、これができるのは、年間の合計金額が３００万円までです。

また、この特例を受けるには条件があります。

青色申告決算書の「減価償却費の計算」欄に次の事項を記載して確定申告書に添付して提出します。そして、少額減価償却資産の取得価額の明細を保管しておかなければなりません。

少しでも事業に関係していれば経費にできる

この機材や設備に関しては、多少、私用で使っていても大丈夫です。

「私用で使うパソコンや家具などを経費にできるのか？」

と疑問に思う人も多いでしょう。

確かに、純然たる私用のものを事業の経費に計上することはできません。しかし、事業に関連するもの、事業に使うものであれば、経費に計上することができるのです。

今時、パソコンなんて、仕事で使わない人はいないでしょう？

また家具なども、仕事場に置いているもの、仕事関係の来客のために使うものなどは、事業用とすることができます（仕事と私用の両方に使っている場合は、仕事部分と私用部分に按分しなければなりません）。が、これには明確な基準はありません。

機材などを購入する場合、どこまでが事業に関係するもので、どこからが関係しないものかの区別がつかない、という人も多いでしょう。

その点をちょっと説明しておきましょう。

たとえば、テレビを購入したとします。テレビを事業用として経費に算入できるかどうかはなんとも言えません。

要は仕事に関係するかどうかです。少しでも事業に関係していればＯＫですが、無関係ならば難しいでしょう。

オフィスか仕事をする部屋に置いておき、仕事中につけたり、来客のときにつけたりしているのならＯＫです。自分の部屋に置いていて、プライベートで見ているだけならばダメでしょう。

ただ、テレビで事業関係のことを頻繁に情報収集していれば別です。ＹｏｕＴｕｂｅｒが、テレビを見てネタを探したり、ネット販売者がテレビで商品の研究をしたりするのであれば、そのテレビは経費に計上できます。

とにかく、事業で使っているならば、どんなものでも経費で落とすことができるのです。これらの備品をローンで買えば、お金は出ていかないのに、経費は計上できるということになります。

気をつけなくてはならないのが、セットで使うものはセットで10万円以上になったら一括経費化はダメということです。

たとえば、ソファセットを買った場合、ソファとセットのテーブルが、単独ではそれぞれ10万円未満になっていても、セットで10万円以上になっていれば、固定資産にし、減価償却しなければならないのです。セットで使用するものは、セットでいくらかが問われるのです。

固定資産として減価償却しても最終的には全部経費にはできるのですが、手っ取り早く買った年のうちに全額経費にすることはできません。だから、なるべくなら一括経費化できる10万円未満（青色申告は30万円未満）に収めた方がいいでしょう。

消耗品を購入しよう

機材や設備などを購入したら、次は消耗品を購入しましょう。

消耗品も税金を減らすための強いアイテムです。

事業で使う消耗品をすべて積み上げれば、けっこう大きい額になるものです。たとえばパソコン関係のサプライをちょっと充実させれば、すぐに数万円、数十万円になります。ほかにも事務関係、台所関係を見回せば、けっこう消耗品はあるものです。

消耗品は必ず使うものだから、たくさん買っても損はないのです。

消耗品は基本的には、原則としてその年に使ったものだけが損金（経費）となりますが、事務用消耗品、作業用消耗品、包装材料、広告宣伝用印刷物などは、購入した事業年度の経費とできるようになっているのです。

ただし、それも無制限に経費としていいわけではなく、次の三つの要件を満たさなければなりません。

1毎月概ね一定数を購入するものであること

2毎年経常的に購入するものであること

3処理方法を継続して適用していること

自宅の家賃も経費にできる

事業をはじめたとき、生活に関連する様々な支出を事業の経費に計上できる場合があります。もちろん、生活関連費を事業の費用に計上できれば、それだけ税負担は軽くなるわけです。

よく「自営業者はサラリーマンに比べて税金が安い」といわれますが、それは自営業者が生活関連の様々な費用を事業経費に計上しているからなのです。

「経費に計上できる生活関連費」の最たるものが家賃です。

事務所や店舗を構えずに、自宅で仕事をしているという個人事業者もけっこういます。特にフリーランスで仕事をしているような人はそういう場合が多いようです。

この場合の自宅の家賃や光熱費などを経費に計上することができるのです。

ただ自宅家賃、光熱費を経費にする場合、全額を計上することはできません。

あくまで事業に関する部分のみです。だから原則としては、プライベートで使っている部分と事業で使っている部分を按分しなければなりません。

「按分の仕方」は特に決まっていないのですが、合理的でなければなりません。

たとえば、自宅のうち仕事で使っているスペースを割り出して、その広さの割合に応じて経費に計上するというようなことです。

家賃の6割程度を目安にする

この按分の方法がなかなか難しいものではあります。

原則からいうならば、仕事で使っている部分と、プライベートの部分を明確に分けて、その割合に応じて家賃を按分する、ということになっています。

たとえば、30平方メートルの賃貸マンションに家賃10万円で住んでいる人がいたとします。仕事には18平方メートルを使っているので、30分の18で60%、つまり10万円の60%なので6万円を経費にするのです。

これが、もっとも原則的な計算式になります。

しかし、仕事部屋と居室が明確にわかれていればいいが、なかなかそうもいきません。都会の狭い住居などでは、仕事部屋とプライベートの居室が兼用になっていることが多いはずです。居間でテレビを見て情報収集をすることもあるでしょうし、仕事部屋だけでは狭くなって、居間で仕事をしたり、居間に仕事の道具を置いたりもするでしょう。

そういう場合は、だいたい家賃の6割程度だったら、普通は税務署から文句は出ません。

だから、もし仕事部屋とプライベートを明確に分けることができなければ、6割を目安に経費計上すればいいということになります。

ただ、これは法律で確定していることではなく常識の範囲内での話になります。

たとえば、高額家賃の広い部屋に住んでいて、仕事はその中の一室だけを使っている、というような場合は、家賃の6割も経費に入れるのはまずいです。その場合は、仕事に使っている部分を按分して計上すべきでしょう。

逆に非常に狭い部屋に住んでいて、そこで仕事をしている場合、仕事のスペースは8割と計上しても文句は出ないでしょう。

また別に住む場所はあるのだけど、仕事のためだけに別に部屋を借りそこで居住している場合などは全額を経費に入れることができます。

交際費を最大限使おう

事業の経費の中には、交際費というものがあります。交際費というのは、その名の通り仕事に関連した交際にかかる経費のことです。

個人事業者が、税金の上でもっとも得になるのがこの交際費といえます。

特に酒好き、社交好きの人は、自分の遊興費の多くを「交際費」として事業の経費に計上できるのです。

この交際費は、けっこう範囲が広いものです。取引先だけじゃなく、少しでも仕事に関係する人であればＯＫなのです。

その人と一緒に飲食などをすることで、仕事上有益な情報を得られる可能性があるのならば、それは十分に交際費に該当するのです。また事業を行っている人が、その社会的付き合いから、やむを得ず参加しなければならない会合などの費用も当然、交際費に含めていいのです。

そして個人事業者の場合、この交際費の制限がないのです。

法人（会社）の場合、原則として交際費は税務上の経費にはできません。資本金１００億円以下の法人は、交際費の半額しか経費に計上できず、資本金１００億円を超える法人やその子会社は、交際費をまったく経費に計上できないのです。

しかし、個人事業者にはそのような制限はありません。つまり、理屈の上では、個人事業者は交際費を無制限に使えるのです。

交際費は税務署に文句を言われやすい？

この交際費という経費は、税務署と見解の相違が起きやすいものでもあります。

税務署としては、私的経費が含まれているのではないかと常に疑いの目を持っています。仕事とは全く関係のない、私的な交際費であれば経費にできませんので、税務署はそれを見つけたいのです。そしてあの手この手で交際費を否認してこようとします。

が、先ほども述べましたように、交際費は少しでも仕事に役に立ちそうな交際であれば大丈夫なのです。

また交際費が仕事に関連するかどうかの明確な基準はありません。

その場合、何が判断基準になるかというと、まずは納税者が「交際費と判断したかどうか」です。

日本は申告納税制度を採っているので、原則として納税者の申告は認められるのです。税務署側が、その交際費を否認するための明確な証拠を持っていない限り、否認することはできないのです。

また税務署は、「交際費が多すぎる」などと文句を言ってくることもあります。が、交際費が多すぎるからといって否認できるものではありません。一つ一つの交際費が、交際費に該当しているのであれば、多すぎるからダメなどということはありえないのです。

だから、税務署に対してしっかり主張しましょう。そして、税務署の口車に乗らないようにしましょう。

ただし交際費について、税務署の目が厳しいことは確かなので、領収書や相手先などの記録はきちんと残しておく必要があります。

「視察旅行」を経費に計上する

旅行もうまくやれば事業の経費で行くことができます。

基本的な考え方として、「事業のための旅行」をするのです。

事業の業務であれば、当然、旅行代は経費で出すことができます。

「でも事業で旅行するのだったら、遊びなどはできないじゃないか？」

と思われた人もいるでしょう。

もちろん、基本的にはそうです。

が、ただの出張ではなく、あなたの行きたいところに、「出張として」行けば、仕事でもあり、レジャーでもある旅行が可能となるのです。

よくテレビ番組で「ご褒美ロケ」というのがあります。

ハワイとかグアムなどで、ロケをやって、出演者のご褒美をかねて番組をつくるというものです。考え方としては、それと同じことです。

ビジネスが国際化している昨今、海外に行こうと思えばなんとでもこじつけられます。

「中国に進出したいので、その視察をした」

「東南アジアの市場を開拓したいので調査のために」

などということにすれば、それを覆すことはなかなかできません。

というより、役人や議員もそういうことを時々やっているのです。彼らは税金を使ってそれをやっているわけですから、自分で稼いだ金で行くことに文句を言われる筋合いはないのです。

ただし、「事業の業務」なのだから、業務という体裁は整えなくてはなりません。業務に関係する視察も行わなければなりませんし、出張中の記録も残しておかなければなりません。

携帯電話代を経費で落とす

自分の携帯電話料金も、事業の経費にすることができます。

携帯電話は、私用で使うこともありますが、少なからず仕事で使うはずです。大企業でも携帯を会社から支給しているところも多いです。だから、事業の経費として携帯代を支払うのは、問題ないのです。

ただし、これも家賃などと同様に、個人で使っている部分と事業で使っている部分があれば、合理的に按分しなければなりません。

本、雑誌も経費で落とす

副業を始めたいと思っている人には読書好きな人も多いと思いますが、この書籍代も経費で落とすことができます。

書籍は、費用として認められる範囲が広いのです。費用として認められる書籍は、事業に直接関係あるものだけではありません。ほんの少しでも仕事に関係のある本ならば、OKなのです。

どんな本でも、「情報収集」になりえるからです。週刊誌などでも、重要な情報源ですから、当然、費用として認められます。

業界や世間の動向をつかむためや、一般知識を得るなどの研鑽のために、買った本や雑誌、もちろんOKです。

書籍代を会社の経費で落とせば、けっこう節税になります。本一冊は千円程度でも、読書家の方は、けっこう買うものでしょう?

たとえば、月5千円、書籍代に使っている場合、年間6万円です。これが事業の経費として計上できるのです。

買った本の領収書などは当然、残しておいた方がいいでしょう。だから本を買ったときは、領収書をもらうかレシートを取っておく癖をつけましょう。

ただし、いくら経費として認められる範囲が広いからって、あまり調子に乗るといけません。以前、どこそこの政治家がエロ本を事務所経費で落としていたのが見つかり世間に叩かれたことがありました。さすがにそこは、社会通念上、認められないことになります。最近のレシートは、本の種類までちゃんと出てくるものもあるので、気をつけましょう。が、少しでもエロに関係する事業をしているのであれば、経費で認められます。

節税の王様「経営セーフティ共済」

副業を始めたときに知っておきたい節税アイテムとして、「経営セーフティ共済（中小企業倒産防止共済制度）」というものがあります。

この「経営セーフティ共済」というのは、取引先に不測の事態が起きたときの資金手当てをしてくれる共済です。

簡単にいえば、毎月いくらかのお金を積み立てておいて、もし取引先が倒産とか不渡りを出して、被害を被った場合に、積み立てたお金の10倍まで貸してくれるという制度です。

この「経営セーフティ共済」のどこが節税になるかというと、掛け金が全額経費に計上できるのです。しかも、４年経過すれば全額を引き出すことができるので、事実上、貯金と変わらないのです。

たとえば、毎月５万円、年間60万円の掛け金を支払ったとします。すると、掛け金の年間60万円をまるまる経費に計上できるのです。

つまり経費を使いながら、資産を蓄積できるのです。さらに、１年分の前払いもでき、払ったときの事業年度の経費に入れることができます。

掛け金は、もし不測の事態が起こらなかった場合は、40か月以上加入していれば全額解約金として返してもらうことができます。40か月未満で解約することもできますが、若干返還率が悪くなります。

また積立金の95％までは、不測の事態が起こらなくても借り入れることができます。この場合は利子がつきますが、それでも０・９％という低率です（２０２３年6月現在）。なので、運転資金が足りないときには、この積立金を借りることができます。

つまり、「経営セーフティ共済（中小企業倒産防止共済制度）」というのは倒産防止保険がついた預金のようなものです。金融商品として見ても、非常に有利なものといえます。

国が全額出資している独立行政法人「中小企業基盤整備機構」が運営しているので、この機関自体がつぶれる心配はありません。

経営セーフティ共済は、掛け金の額を5千円から20万円まで自分で設定できます。最高額の掛け金にして、全額を前払いにすれば、削減できる利益は「240万円」となります。また途中で増減することもできます。なので初めの掛け金は、節税のために最高額にしておいて景気が悪くなったら減額する、という手も使えます。

ただしこの経営セーフティ共済は、1年以上事業を続けている事業者しか加入できません。だから、副業を始めて2年目になる人はぜひ覚えておきたい制度です。

中小企業倒産防止共済制度の概要

加入資格

- 1年以上事業を行っている企業。
- 従業員300人以下または資本金3億円以下の製造業、建設業、運輸業その他の業種の会社及び個人。
- 従業員100人以下または資本金1億円以下の卸売業の会社及び個人。
- 従業員100人以下または資本金5000万円以下のサービス業の会社及び個人。
- 従業員50人以下または資本金5000万円以下の小売業の会社及び個人。

・ほかに企業組合、協業組合など。

掛け金

・毎月の掛け金は、5000円から20万円までの範囲内(5000円単位)で自由に選択できる。

・加入後、増・減額ができる(ただし、減額する場合は一定の要件が必要)。

・掛け金は、総額が800万円になるまで積み立てることができる。

・掛け金は、税法上損金(法人)または必要経費(個人)に算入できる。

貸付となる条件

加入後6か月以上経過して、取引先事業者が倒産し、売掛け金債権等について回収が困難となった場合。

貸し付け金額

掛け金総額の10倍に相当する額か、回収が困難となった売掛け金債権等の額のいずれか少ない額(一共済契約者当たりの貸付残高が8000万円を超えない範囲)。

貸付期間
5年（据え置き期間6か月を含む）の毎月均等償還。
貸付条件
無担保・無保証人・無利子（但し、貸し付けを受けた共済金額の10分の1に相当する額は、掛け金総額から控除される）。
一時貸付金の貸し付け
加入者は取引先事業者に倒産の事態が生じない場合でも、解約手当金の範囲内で臨時に必要な事業資金の貸し付けが受けられる。
加入の申込先、問い合わせ先
中小企業基盤整備機構（中小機構）、金融機関の本支店・商工会連合会・市町村の商工会・商工会議所・中小企業団体中央会など。

第5章

消費税を払わないで買い物をする方法

消費税を払わずに買い物をする方法

現在、日本では消費税が10%です。生鮮食料品などは8%ですが、だいたい買い物をするときには値段が1割増しになるということです。

一般庶民にとっては、かなり負担が大きいものです。特に高い買い物をするときには、消費税はかなり痛いはずです。

どうにかして消費税を払わないで買い物する方法はないものか、と思ったことがある人も多いでしょう。

しかし、消費税というのは、日本に住んでいる限り、必ず払わなければならないものです。物を買う時点で、店が徴収するわけなので、消費者としては逃れる道がありません。

「私は、消費税を払いません」

と頑強に主張したとしても、消費税抜きで売ってくれたりはしません。それ以上、強く主張すれば店は物を売ってくれなくなるでしょう。

財務省としては、ここが狙い目でもあります。

いくら消費税に文句があっても、納税者は税務署に直接納付するのではありません。モノやサービスを販売する店が、消費税を徴収しているので、納税者としては「店に文句を言っても仕方がない」ということになるのです。

つまり、消費税というのは「徴税機関が納税者から文句を言われない税金」でもあるのです。

そして納税者は、生活するためには「物を買わない（サービスを受けない）」という選択肢はないので、嫌でも消費税を払わなければなりません。

この絶対に逃れられないように見える消費税ですが、実は逃れる方法もいくつかあります。

これから、その方法をご紹介していきますね。

この方法は、サラリーマンや自営業者、学生、フリーターなど、すべての人に通用するスキームです。消費税の仕組みを理解する上でも、ぜひこのスキームが広く知られてほしいものです。

16666円までの個人輸入には消費税はかからない

消費税を払わないで買い物をするもっとも簡単な方法は、海外から「個人輸入」することです。

つまりは、海外の店舗に直接、申し込んでモノを買うのです。

昨今では、ネットの発達により、海外から物を買うことも非常に簡単になりました。自分で自覚していなくても、海外から物を買っているケースも多々あるのです。

たとえばネットで売られているアプリ、イラスト、写真などを購入することは、それほど珍しくないことです。それらの中には海外サイトで販売されているものも多々あり、知らないうちに海外サイトから買い物をしているケースもあるのです。それは、すでに立派な「個人輸入」なのです。

本来、輸入品には消費税、関税がかかってくることになっています。それは海外の通販サイトから個人が物を買った場合でも同様です。

しかし、個人が自分のものを買うとき（商品ではないとき）は、一回の取引が16666円以内であれば、消費税、関税は免除されます。

なぜ16666円以内であれば消費税、関税がかからないのでしょうか？

個人輸入には一回の取引が1万円以内の消費税、関税が免除になるという規定がありま す。

そして輸入品の一回の取引額を判定するときには、その価額は、輸入品の購入価額の60％でいいということになっているのです。16666円の60％は1万円以内に収まるので、16666円以内ならば、消費税、関税は払わなくていいことになっているのです。

消費税を免れても、海外の通販サイトから物を買う場合、当然、送料や手数料がかかります。が、まとめ買いをすれば送料が割引されるなどの方法もあり、うまくやれば送料と手数料込みでも千円以内で収まることもあります。

1万6千円の買い物をすれば、千円の送料手数料を払っても、送料手数料の割合は6％程度です。

普通にやれば消費税よりも安いのです。しかも海外直輸入であれば、もともとの値段がけっこう安いので、消費税分の元は十分に取れるはずです。

個人輸入となると、英語がわからないとできないと思っている人も多いでしょうが、昨今は、日本語で買える海外通販サイトなどもけっこう多くなっています。また英語でのサイトも、それほど難しいものではありません。

中国の通販サイトなどでは、驚くほど安いものが売られているケースも多々あります。こういうところをうまく利用すれば、安いお金でかなり豊かな消費生活を送れることになるでしょう。

ただし、海外の通販サイトを利用する場合、商品に欠陥があったり、何かトラブルがあったときの対処がかなり大変になります。

そういうトラブルについても、きちんとしたサービスを行っている業者もいますが、なかなか日本の業者のようにはいかないことが多いので、その点はくれぐれも注意しましょう。

海外旅行の爆買いで消費税を逃れる！

前項では、海外の通販サイトから16666円以内のものを買えば、消費税がかからないことをご紹介しましたが、これと似たような方法として海外旅行があります。海外旅行をしたときには、基本的に現地で購入した物には日本の税金はかからないのです。

海外の免税品は、合計20万円以上を購入した場合は、日本国内に持ち込むときに消費税がかかるという決まりになっています。だから、持ち帰った品物が合計20万円以上の場合は、本来は、入国するときに消費税を払わなければならないのです。

しかし、逆に言えば、20万円以内であれば、消費税は払わなくていいのです。

そして現地国で消費税などがかかっていたとしても免税手続きを取れば免税になることが多いです。

最近は、格安航空のチケットなどが広く出回るようになっていて、うまくやれば海外チケットを1万円以内で購入することも可能です。たとえば、韓国への往復チケットを1万円くらいで買ったとします。韓国くらいだったら、余裕で日帰りできるので、基本的に航空チケット以外の費用は不要なわけです。

普通に日本で20万円の買い物をした場合、消費税は2万円かかります。だから、１万円で海外旅行のチケットを買っても、十分におつりがくるのです。チケットがもっと安かったりすれば、さらに、うまみは大きくなります。

韓国だけじゃなく、中国や台湾などでも頑張れば日帰りできるし、安いチケットを探せば2万～3万円で収めることができます。

20万円くらいのブランドものなどを買う人は、この手を使ってみるのも手でしょう。韓国、中国、台湾でちょっとランチや買い物などをすれば、旅行の気分も味わえるというものです。

またこれは推奨される方法ではありませんが、海外で購入したものでも現地で開封して身につけるなどすれば帰国するときに、「海外で購入したものか」「はじめから自分で持っていたものか」ということは見分けがつきにくいものです。

だから、20万円以上のものを海外で購入し、すぐに自分で使用して持ち帰るということをしている人も多いのです。

もちろん、これは厳密に言えば脱税行為です。

発覚した場合は、それなりのペナルティーが科せられる。筆者も立場上、これを推奨することはできません。

「消費税を払わずに買い物をする方法」

ということではなく、こういうことをしている人もいるという事実だけを記しておきます。

海外の免税品を20万円以上持ち帰る方法

前項では海外旅行で20万円以内のものを買えば消費税はかからないということをご紹介しましたが、20万円以上のものを買っても消費税を払わずに済む方法があります。

それは前項で少し言及した「こっそり身につけて持ち帰る」ということではありません。

実は免税品の持ち帰りについては、「一つ商品について合計の値段が1万円以下のものについては税金は課せられない」ということになっているのです。

これは商品一個の値段が1万円以下ということではなく、一つの商品の合計購入額が1万円以下ということです。

たとえば、千円のチョコレート10個ならば、1万円以下なので消費税はかかりません。

という具合に、一品目あたり1万円以下であれば、どれだけ買い物をしても免税になるのです。

この仕組みをうまく使えば、相当な高額な買い物でも消費税を払わずに日本に持ち帰ることができます。50万円でも100万円でも、免税になるわけです。

もし日本で100万円の買い物をすれば、10万円の消費税がかかります。が、この方法を使えば、その10万円がかからなくて済むのです。

高い商品を買うような買い物には向いていませんが、1万円以下の商品をたくさん買うような場合の買い物にはこの方法はかなり有効だといえます。

たとえば、1万円以下の化粧品を何種類も買ったり、1万円以下の服やアクセサリーをたくさん買うような場合は、この方法は使えるのです。

そういう買い物をする女性はいるはずです。ぜひ活用してください。

ただし香水の免税は2オンス（約56ｍｌ）までです（オーデコロン、オードトワレは含まれません）。タバコは、400本までです（紙巻きタバコの場合）。つまりは4カートンまでです。

また「商売のために仕入れる商品」などは対象外です。海外の商品を安く買い付けて日本で販売するというような場合には、消費税や関税が課せられます。無税で持ち込めるのは、あくまで「個人的に使う物」だけです。

日本商品を消費税抜きで買う方法

「海外旅行で買い物をするといっても、自分は別に海外で欲しいものはない。日本の商品が欲しい」

「日本の商品を消費税抜きで買い物する方法はないのか？」

と思っている人もいるでしょう。

日本の商品を消費税抜きで買うということも可能です。

実は日本国内であっても、消費税を払わずに買い物ができる場所があります。

それは「国際空港」です。

ご存じのように国際空港で入管を通った後には、いろんな免税ショップがあります。

そこで買い物をすれば消費税は払わなくて済むのです。

なぜ入管を通った後は、免税になるのかというと、消費税というのは、国内で消費する物（使用する物）にかかる税金です。入管を通った後ということは、海外に持ち出すことが明確なので、消費税は免税になるのです。

不思議なもので同じ商品を同じ空港で購入した場合でも、入管（入国審査）を通る前と後では、価格が大きく違ってくるのです。

たとえば、飛行機の中で雑誌を読もうと思った場合、入管を通る前に買えば、消費税がかかりますが、入管後に買えば消費税はかからないのです。

そして、ここからがこの話の肝になるのですが、日本の空港の免税店で買った物を日本に持ち帰ることもあります。

その場合、本来は消費税がかかります。

日本の空港で買った免税品を日本に持ち帰った場合、海外の免税品を買ったのと同じ扱いになるのです。だから、もし日本の空港で20万円以上の買い物をし、それを持ち帰った場合は、消費税がかかります。

が、逆に言えば、20万円以内の買い物であれば、消費税はかからないのです。

しかも先ほども述べたように、海外で購入した免税品は、「一つ商品について合計の値段が1万円以下のものについては税金は課せられない」ということになっており、これは日本の空港の免税店で購入した物についても同様の扱いになっています。

だから、一つの商品につき1万円以下であればいくら購入しても、消費税はかからないのです。

これは使い方によっては非常に有効です。

本やCD、ゲームソフト、高級化粧品なども一つの商品につき1万円以下であれば免税です。本、CD、ゲームソフト、高級化粧品というのは、安売りがあまりされないので税金を免れるだけで相当の得になります。

だから、日本の国際空港で買いたいものを爆買いすれば、飛行機代を差し引いてもかなり安い買い物ができるというわけです。

日本の国際空港の免税店は、最近は非常に充実しています。

服、靴、カバン、電化製品、雑貨、ゲームソフト、CD、本、食べ物、酒、薬、サプリ、タバコなどさまざまなモノがあります。酒やタバコなどでは消費税だけじゃなく、酒税、タバコ税もかかっていないので超安いのです。

たとえば、本が好きで毎年本を何十万円分も買う人、ゲームが好きで何十万円分も買う人はけっこういるでしょう。また女性の場合、化粧品代が年間何十万かかるというのはごく普通です。

またタバコを吸う人は、さらにメリットがあります。

現在のタバコというのはだいたい6割が税です。ひと箱500円のタバコのうち300円くらいは税金なのです。日本の国際空港で、日本製タバコを購入する場合、タバコひと箱は200円ちょっとで買えるのです。これを4カートン（40箱）購入すればそれだけで、1万円以上の税金を免れることになるのです。

つまりは安いチケットで海外旅行をし、日本の国際空港で思う存分買い物をするのです。もし50万円分の買い物をすれば5万円の税金を免れたことになります。チケット分は簡単に元が取れます。

注意点「店舗や商品は空港によって全然違う」

ただ、日本の国際空港で日本の商品を買う場合は「空港によって店舗や商品は全然違う」ということに注意しなくてはなりません。成田空港と水戸空港では、免税品の品ぞろえはまったく違うのです。

また同じ空港であっても、ターミナルによって店舗などがまったく変わってきます。たとえば成田空港の国際線には、第1ターミナル、第2ターミナル、第3ターミナルがありますが、それぞれ店舗や商品は大きく違います。

特に、第3ターミナルの場合は、発着便が少ないため、店舗や商品がほかの二つのターミナルに比べるとかなり少ないのです。この第3ターミナルは、格安航空会社（LCC）が利用しているので、安いチケットで「空港爆買い」をしようと思っても、肝心の商品が少ないということになりかねません。

現在、第3ターミナルを使っているLCCの主な航空会社は次の4社です。

チェジュ航空
ハーンエア
ジェットスター航空
ジェットスタージャパン

この4社は、韓国行きや台湾行きなどの格安チケットを出しているので、思わず手が出てしまうかもしれません。が、この4社の飛行機チケットでは、「空港爆買い」はかなり制限されるということを肝に銘じておきましょう。

もちろん第3ターミナルにも、ある程度、免税店はあるし、酒やタバコ、化粧品、本などは買うことができます。事前に各ターミナルの店舗等を調べて、自分の買いたいものがあるかどうかをチェックしておくといいでしょう。

副業して消費税を還付してもらう方法

ここまで、買い物をする際などに「消費税を逃れる方法」をご紹介してきました。ここからは、それを一歩進めて、副業をして「消費税を還付してもらう方法」をご紹介したいと思います。第4章では副業をして所得税の還付を受ける方法をご紹介しましたが、副業は消費税の還付を受けられることもあるのです。

消費税というのは、一般の人にとっては買い物をしたときなどに支払うというイメージがあります。が、消費税は、買い物をしたときに支払ったものがそのまま税務署に送金されるわけではありません。

消費税を受け取った事業者が、年間の消費税の額を集計して納付するという仕組みになっているのです。それは副業であっても同様なのです。

副業であっても、取引の際には消費税がかかることになっています。

だから、副業する人は、消費税を税務署に納税しなくてはならない可能性があるのです。

たとえばネットで販売をしている副業者がいたとします。このネット販売取引には、消費税が課せられているという建前になっており、原則として消費税を税務署に納税しなくてはならないのです。

また消費税には、少々わかりにくい部分があります。

消費税というのは、本来、売上1000万円以下の事業者は納税を免除されています。

副業で売上が1000万円を超えることはめったにないので、副業する人は元来は消費税の納税を免除されているのです。

しかし、2023年10月からはインボイス制度というものが始まりました。

このインボイス制度によって、本来、消費税を免除されている売上1000万円以下の事業者であっても、実質的に納税しなければならないケースが非常に増えたのです。

つまり、1000万円以下の副業であっても、消費税を納税しなければならない人がけっこういるのです。

また逆に、消費税というのは還付制度があり、副業であっても、消費税の還付を受けられるケースもあります。

税金初心者には消費税の仕組みはわかりにくいものですが、副業をする際には、「消費税の還付を受けられることもある」という知識をしっかり身に付けておきたいものです。

消費税の基本的な仕組み

副業をして消費税還付を受ける仕組みをご紹介する前に、まずは消費税の基本的な仕組みについてお話しします。

消費税というものは、事業者が客に物を売ったりサービスを提供したときに、購入者が支払うという税金です。ただ消費税を実際に納付するのは事業者です。

事業者は、物やサービスを販売したときに、客から消費税を受け取ります。この消費税は、事業者が一旦、預かり、事業年度が終了したときに、全部計算して「事業者が税務署に納付する」のです。

これは、副業であっても、一般の事業であっても同様です。

「私は副業だから消費税はいりません」

ということにはならないのです。

もし、お客さんから消費税分を受け取っていなかったとしても、お客さんが払った代金には消費税が含まれているという建前になっています。

だから、100円のものを消費税分を加算せずに、そのまま100円で販売したとしても、100円には10％の消費税が含まれている、という建前になるのです。つまり、本体価格は91円、消費税9円ということになるのです。

消費税の税率をここで確認しておきましょう。

消費税は原則として10％ということになっていますが、食料品などには軽減税率があり、また一部の商品には免税のものもあります。

だから消費税には次の三つの税率があるのです。

消費税8％の取引
・食料品（持ち帰りに限る）
・アルコール以外の飲料品
・週二回以上発行される新聞など

消費税0％（非課税）の取引
・土地
・有価証券、銀行券、政府紙幣、小額紙幣、硬貨、小切手、約束手形など（ただし、これらを収集品として売買する場合は消費税がかかります）。
・預貯金の利子、保険料等
・郵便切手、印紙
・商品券、プリペイドカード
・国、公的機関等が行う一定の事務の手数料
・外国為替サービス
・社会保険適用の医療費、薬代（ただし、美容整形や差額ベッドの料金、市販薬などには消費税がかかります）

・介護保険サービス、社会福祉事業のサービス
・助産
・火葬料や埋葬料
・一定の身体障害者用物品
・学校の授業料等（ただし学校教育法に規定する学校等に限ります）
・教科書
・居住用住宅の賃貸料（ただし1か月未満の賃貸料には消費税がかかります）

消費税10％の取引
・上記以外

消費税は10％をそのまま納付するわけではない

次に事業者が消費税の納付する金額の算出方法についてご説明します。

消費税というのは、物やサービスを買ったときに消費者が払い、事業者はその消費税をそのまま税務署に納めているような印象があります。

でも、実際はそうではありません。

消費税は、事業者が「売上のときに預かった消費税」から「仕入（経費含む）のときに支払った消費税」を差し引いた残額を納付することになっています。

たとえば、1000円の雑貨を一つ買えば、消費者は100円の消費税を払わなくてはなりません。

しかし雑貨屋さんは、この100円の消費税を、そのまま納めるわけではないのです。雑貨屋さんは、雑貨を仕入れるときに、様々な経費を支払っており、そのときに消費税を払っています。雑貨の原価や店の水道、光熱費などにも、消費税がかかっています。

消費税というのは「消費者が負担するもの」という建前になっていますので、雑貨屋さんが仕入れや営業経費で「払った消費税」は、納付するときに差し引くことができるのです。

1000円の服の原価を600円としますと、服屋さんは原価600円に対して消費税60円を払っています。これを消費者から預かった100円の消費税から差し引きます。その残額40円を、税務署に納付するというわけです。

だから以下のような数式によって事業者が消費税を納付する金額が決まるのです。

客から預かった消費税100円－仕入れ経費で支払った消費税60円＝納付する消費税40

円

年間の取引すべてにおいて、この計算をし、納税の合計額を税務署に納付するのです。

起業したばかりのときは消費税が還付になることも

前項でご紹介した消費税納付額の計算式では、稀に赤字になることがあります。

つまり、消費者から預かった消費税よりも、経費支払いのときに支払った消費税の方が多い場合です。

そのときには、その赤字分が還付されることになっています。

預かり消費税よりも、支払い消費税の方が多くなるということは、売上で預かった消費税より経費で支払った消費税の方が高くなることであり、そんなことはあり得ないだろうと思う方も多いでしょう。

確かに、普通に事業をしていれば売上より経費の方が高くなるなんてことはあまりありません。経費の方が高くなったら商売は終わりになりますから。

しかし、特別な場合にはこういう状況がありうるのです。

たとえば起業したばかりのときです。

起業したばかりのときには、事業のために様々な設備を整えることが多いです。いわゆる初期投資です。

どんな事業でも、最初は事務所の整備、施設の設置、備品の購入などで金がかかるはずです。その支払いのときには、当然、消費税が支払われています。

そして、ここが肝なのですが、前述したように所得税の計算では10万円を超えるものを購入した際には一括で経費化できずに耐用年数に応じて減価償却しなければなりませんが、消費税の計算では、どんな高いものであっても、消費税を支払った年に全部、「支払い消費税として控除できる」のです。

たとえば、雑貨屋さんであれば、店舗の内装や棚などを買ったときに消費税がかかっているはずです。その代金が数十万円、数百万円かかったとしても、支払った消費税はその年に全額を差し引くことができるのです。

そして、事業を開始したばかりのときは、売上はあまり上がらない場合が多いものです。そのため、売上のときに預かった預かり消費税よりも、支払い消費税の方が大きくなるケースもあるわけです。

そういう場合には、消費税が還付されるのです。

たとえば、ある事業者では初期投資に3百万円かかったとします。それだけで、消費税は30万円も支払っています。９月に開業したので1年目の売上は2百万円しかありませんでした。

つまり最初の年は預かり消費税は30万円、支払い消費税は20万円です。

となると、消費税の計算は次のようになります。

預かり消費税20万円－支払消費税30万円＝マイナス10万円

つまり10万円の消費税が還付されるわけです。

副業は消費税還付になるケースが多い

消費税の還付について、もう少し詳しくお話ししましょう。

というのも、副業は、消費税還付になるケースは非常に多いからです。

たとえばユーチューバーになるために、パソコンやカメラなど50万円分の機材を揃えたとします。

消費税の支払額は、50万円の（増税以降として）10％だから5万円です。

それに対して、一年目の売上は振るわずに1万円でした。

この売上1万円に対して受け取る消費税は千円です。

となると、受け取った消費税千円から支払った消費税5万円をさしひくと4万9千円となります。

この4万9千円が税務署から還付されるのです。

しかも経費は機材ばかりではありません。

撮影に使う小物や、撮影部屋を整えるための備品も必要になるでしょう。

書籍やソフトなども必要でしょう。

また撮影に参考にするために、映画やアニメ、動画を見たりすることもあるはずです。

そういうものを購入したときには、当然、消費税を払っています。

その「支払い消費税」も当然、還付の対象になります。


「事業が赤字になってその分の消費税が還付される」

というと警戒する人もいるでしょう。

「損をするんじゃないか」と。

が、事業が赤字になるといっても、経費として支払うものは、機材や備品、商品仕入れなどなので、自分の買い物でもあります。

うまく自分の買い物を経費として購入して事業を赤字にすれば、「自分の買い物をしてその消費税の還付を受ける」ということにすることができるというわけです。

またもし事業が成功して、黒字になったような場合は、消費税の還付は受けられなくなりますが、それより大きい事業収入が入ってくるのだから文句はないはずです。

消費税の免税事業者とは？

ただし、消費税の還付を受けるには、「消費税の課税事業者」となっておかなければなりません。消費税には、「課税事業者」と「免税事業者」があります。

消費税には免税という制度があり、年間売上が1千万円以下の事業者は、納税しなくていいことになっているのです。つまり売上が1千万円以内の事業者は「免税事業者」というわけです。

一方、年間売上が1千万円を超える事業者のことは「課税事業者」といいます。消費税が課税される事業者、つまり消費税を納付しなければならない事業者というわけです。

売上が1千万円超かどうかというのは、前々年の売上をもとに判定します。

その年の売上が1千万円超になるかどうかは、決算期が終わるまでわかりません。でも、消費税の納付事業者になるかどうか決算期が終わるまで不明だとなると、非常に不便です。

消費税を納付するには、いろいろな経理処理が必要です。だから、課税事業者になるかどうかは、前々年の売上で判断するというわけです。

ただし、免税事業者であっても、その年の前半期の売上が1千万円超であったり、その年の前半期の給料の支払いが1千万円超であるような場合は、その年から課税事業者になります。前半期というのは、個人事業者の場合は1月から6月までであり、会社の場合は、事業年度の前半6か月のことです。

あえて課税事業者になれば消費税還付を受けられる

ところで事業を始めたばかりの事業者は、前々年の売上がありません。そういう場合はどうなるかというと、2年間は消費税が免除されるのです。

つまり起業してから2年以内の事業者は、自動的に免税事業者となり消費税を納めなくていいのです（ただし資本金1千万円以上の会社ははじめから消費税を払わなくてはなりません）。

ただし「消費税の還付」は、免税事業者は受けることができません。通常であれば事業開始から2年間は自動的に免税業者になるので、起業したばかりで消費税の支払いが多くても消費税の還付は受けられないのです。

しかし、起業して2年以内の事業者でも、消費税の還付を受ける方法があります。起業2年以内の事業者でも、自分が希望すれば消費税の課税事業者になる、ということができるのです。

その方法は簡単です。事業を始める前に「課税事業者の届出書」という紙を税務署に出すだけでいいのです。

ただこの届出書を出してしまえば、消費税の計算がマイナスにならなければ、消費税を納付しなければなりません。だから、事業開始前に、初期投資がどれだけかかるかを概算し、消費税がマイナスになるときにだけ、「課税事業者の届出書」を出すべきでしょう。

またインボイス制度の影響を受ける事業者は、免税期間であっても課税事業者にならなければなりません。

コラム〜インボイス制度は零細事業者への大増税〜

話はちょっとそれますが、ここでインボイス制度についてお話ししたいと思います。

ご存じのように２０２３年10月から、消費税のインボイス制度が始まりました。

インボイス制度というのは、事業者が消費税の仕入れ税額控除をする際に、支払った相手先から、消費税の税額の明細を記載された「適格請求書」というものを受け取らなければればならない、というものです。

前にも述べましたように、事業者は「売上時に客から預かった消費税」から、「経費などの支払い時にすでに支払った消費税」を差し引いた残額を税務署に納付することになっています。

インボイス制度ではこの「経費などの支払い時にすでに支払った消費税」を差し引く条件として、支払先から「適格請求書」を受け取らなければならないということになったのです。もし経費を支払っても「適格請求書」がない場合は、その分の消費税は差し引くことができないのです。

そしてこの「適格請求書」を発行するためには、「課税事業者」にならなくてはなりません。これがこのインボイス制度のもっとも影響が大きい部分です。

前にご説明したように、消費税には「免税事業者」という制度があります。年間の課税売上が1000万円以下の事業者は、消費税を納付しなくてもいいという制度です。が、免税事業者は「適格請求書」を発行できないのです。

インボイス制度が施行されれば、事業者同士の取引の場合、相手が免税事業者であれば支払った分の消費税が控除できないことになります。だから、必然的に、事業者同士の取引では、相手先が「課税事業者」であることが求められるようになります。

一般消費者相手の事業をしている事業者であれば、このインボイス制度はあまり影響を受けません。一般の消費者は、消費税の課税仕入れをしないので、「適格請求書」をもらう必要はありません。

たとえば、タバコ店でタバコを買う一般の消費者は、「適格請求書」などは必要としません。

しかし、一般の消費者ではなく、事業者が事業の中でモノを買ったり、サービスを受けたりする場合は、「適格請求書」は重要となります。たとえば、事業者が事業用のパソコンを購入する際、「適格請求書」がなければパソコン代にかかる消費税を控除することができません。

このインボイス制度の導入で、もっとも大きな影響を受けるのは、零細のフリーランスです。ライターや、デザイナー、イラストレーター、そのほかのクリエーターなどがもっとも大きな打撃を受けます。こういう業種の副業をしている人もけっこう多いと思われますが、そういう人はすべからく影響を受けます。

こういうフリーランス系の人は、企業から仕事を請け負うことが多いので、必然的に「適格請求書」の発行を求められます。が、年間売上１０００万円以下の免税事業者は、「適格請求書」が発行できません。そのため、年間売上が１０００万円以下であっても、あえて「課税事業者」となり消費税を納付しなければならなくなるのです。

つまりは、これまで消費税の納税を免除されてきた零細の事業者が、消費税を納付しなければならなくなるのです。

インボイス制度というのは、実質的に「零細事業者への増税」とさえいえるでしょう。

第6章

iDECOとNISAを使いこなそう

iDECOって何?

サラリーマンが税金を安くする方法として、iDECO（確定拠出年金）というものもあります。

このiDECO（以下、確定拠出年金と記します）は政府や金融機関が最近よく宣伝をしているので、名前をご存じの方もおおいはずです。

確定拠出年金というのは、簡単にいえば、自分で積み立てて運用する年金のことです。若い人の中には、「将来、自分は年金をもらえるのだろうか」と心配している人も多いはずです。そういう人にとっては打ってつけの年金だといえます。

自分でお金を積み立てて、その積み立てたお金を自分で運用して、年金の原資とするわけですから、年金受給額が勝手に減らされるというようなことはないのです。

毎月5千円から積み立てることができて、他の公的年金と同様に、税制上の優遇措置があります。掛け金は、所得から控除され、税金の対象からははずされるのです。

つまり、確定拠出年金に加入すれば、若干、税金が安くなるのです。

またサラリーマンや経営者、主婦、フリーターなどほとんどすべての境遇の人が、加入できます。会社が確定拠出年金に加入しているサラリーマンでも、自分個人で別建て加入することもできるのです。

昨今、金融庁が「公的年金だけでは老後資金は2千万円不足する」と発表して物議をかもしましたが、まさにこの老後資金不足を補うためにつくられたような制度です。

公的年金は、社会にも個人にも有益な制度ではありますが、支給状況は今後ますます悪化していくことが予想されます。

「自分の掛け金よりも少ない年金しかもらえない」という境遇の人が出てくることはあるでしょう。

そういう公的年金にあって、確定拠出年金だけは、「自分の掛け金」と「自分の運用」だけで年金額が決定するのです。つまり、自分の努力がほぼ100％還元される年金なのです。

iDECOの限度額

iDECOという言葉はよく聞くけれど、今一つよくわからないという方も多いようです。

なので、ここで確定拠出年金の概要を説明したいと思います。

確定拠出年金というのは、企業や個人が、公的年金の不足を補うためにつくられた制度

確定拠出年金の上限額

	月の掛け金の上限
企業型確定拠出年金に加入していない会社のサラリーマン	23000円
企業型確定拠出年金に加入している会社のサラリーマン	20000円
確定給付企業年金に加入している企業のサラリーマン、公務員など	12000円
自営業者、自営業者の妻、フリーターなど	68000円
サラリーマンの配偶者に扶養されている主婦（夫）	23000円

です。

拠出額は毎月5千円以上からその人の限度額まで、自分で決められます。拠出の限度額は、その人の加入している公的年金の状況によって決まっています。運用も自分で行うことになります。

自営業やフリーター、主婦は月68000円の枠があります。

サラリーマンの場合は、会社の状況によって違ってきますが最低でも1万2千円の枠があります。月1万2千円ということは年間にすると14万4千円です。これを15年程度掛け続ければ、老後に毎月1万5千円の年金上乗せは十分に可能だといえます。老後の月1万5千円は大きいです。現在の公的年金の支給平均額が15万円程度なので、年金額が10％増しということになります。

この確定拠出年金（個人型）に加入する場合は、

銀行や証券会社に行って申し込むことになります。

サラリーマンの方は、自分の会社がどういう年金に加入しているのか、自分には個人型確定拠出年金の枠がいくらあるのかということを会社の経理の人に聞いてみましょう。

確定拠出年金は元本保証の運用も可能

確定拠出年金の大きな特徴として、「自分で運用する」ということがあります。

普通の公的年金であれば、掛け金は当局に勝手に運用されます。

確定拠出年金は、自分の掛け金で何かの金融商品を購入しその収益が将来の年金となるという仕組みになっています。

自分で運用するといっても、何から何まで自分でするわけではありません。窓口となっている銀行や証券会社などが用意している金融商品を、自分で選ぶという仕組みになっているのです。

この運用によっては、年金額が増えることもあれば減ることもあります。そういう運用のリスクを取りたくないという人には、元本保証の金融商品も用意されています。ただし、元本保証の商品の場合は、利回りがゼロに近いものになってしまいます。

だから運用によって年金の額を増やしたいというような人は、研究をして利回りのいい商品を選べばいいし、そういうのは面倒くさい、損だけはしたくないという人は元本保証の金融商品を買えばいいわけです。

掛け金は、限度額の範囲で自分で設定することができます。だから、自分の懐具合に合わせて、「自分年金」をつくることができるのです。

なぜ確定拠出年金がスグレモノなのか?

確定拠出年金の特徴は、なんといっても、節税になるということです。

確定拠出年金は、3度にわたって節税ができます。

それは次の通りです。

1現役世代のときに掛け金が所得控除となる。
2年金運用で利益が出たとき、それが非課税となる。
3年金として受け取るときも、所得税、住民税の優遇措置が受けられる。

こういわれても、一般の人にはなんだかよくわかりませんよね?

自分で老後資金を用意するときの場合と比較してみましょう。

自分で老後資金を用意する場合、当然のことながら自分の収入の中から、積み立てることになります。が、この自分の収入というのは、所得税や住民税が課せられています。つまり、自分が自由に使える収入というのは、所得税や住民税を支払った残りなのです。

もし毎月1万円を積み立てるとすれば、平均的なサラリーマンでだいたい2千～3千円の税金がかかります。つまり、毎月1万3千円くらいを使って、1万円を積み立てるということです。

サラリーマンの方は、税金を先に引かれますので、なかなか自覚はないと思われますが、自分が使うお金というのは、常に税金が差し引かれた後のものなのです。だから、自分では1万円を使ったつもりであっても、税金分を含めれば1万2千～3千円を払っていることになるのです。

が、確定拠出年金というのは、税金がかかりません。だから1万円積み立てた場合は、その1万円には所得税も住民税もかかってきません。つまり、1万円積み立てるときには、1万円だけを使えばいいということになるのです。

その時点で、自分で貯蓄するよりも、2～3割有利になるということです。

すごく有利でしょう？

年金運用益も非課税

次に「年金運用益が非課税」ということについて、ご説明します。

通常、お金を貯蓄したときの利子や、投資をして得た収益には、約20％の税金がかかってきます。

だから、もし１００万円の利子を受け取ったり、資産運用で１００万円の利益が出たような場合には20万円の税金が差し引かれるのです。

この税金が、確定拠出年金にはかからないのです。

何度か触れましたように、確定拠出年金というのは、原則として自分の年金資金を自分で運用する仕組みになっています。元本保証型にしていても、多少の運用益は出るでしょう。

もし確定拠出年金じゃなく、普通の資産運用であれば、この運用益に対して税金が取られるのです。

年金を受け取るときも税金が安い

では、三つの節税効果である「年金を受け取るときも税金が安い」ということについてご説明しましょう。

ご存じのように、日本国民は収入を得た場合には、原則として所得税、住民税を払わなければなりません。

が、公的年金の収入に対しては、税金が優遇されているのです。そして確定拠出年金の受け取りでも、公的年金と同様の優遇措置を受けられるのです。

65歳未満の人は、公的年金を70万円以上もらえば、税金がかかるようになります。が、すべての人には基礎控除が38万円ありますので、基礎控除と合計して１０８万円までの収入には所得税がかかってきません。

サラリーマンの場合は、１０３万円以上の収入があれば税金がかかってきますので、この時点でもサラリーマンより有利になっています。

また65歳以上の人は、公的年金が１２０万円以上じゃないと税金はかかりません。これに基礎控除が38万円ありますので、１５８万円以上じゃないと税金はかかってこないことになります。

しかも、これは、一人あたりの年金受給額の話です。

夫婦二人がそれぞれ分散して年金を受給していれば、それぞれに非課税枠があります。となると、夫婦二人では、最高３１６万円までは税金がかかってこないということになるのです。

また税金には、社会保険料控除などもあります。これは、支払った社会保険料の額は、全額、収入から控除できるという制度です。この社会保険料などを合わせれば、年金180万～200万円程度の年金をもらっていても税金はかかってきません。夫婦二人では、最高400万円くらいまでは税金がかからないのです。

普通のサラリーマンの給料などではそうはいきません。年金400万円程度の給料をもらっていれば、所得税、住民税を含めて少なくとも50万円程度の税金を払わなければなりません。

この公的年金の税制優遇措置を、確定拠出年金でも享受できるというわけです。

まあ、こういう具合に、確定拠出年金というのは、非常に有利な老後資金の蓄財方法なわけです。

ただし、この確定拠出年金にもデメリットはあります。

確定拠出年金を引き出す場合、原則として、60歳以降に年金としてもらわなければならない、ということです。つまり、定期預金や有価証券のように、途中で換金することはできないということです。

　でも、そもそも年金の積み立てという趣旨をもっている制度ですし、そのために税優遇措置もあるのですから、これはデメリットというより、当然の条件ともいえるでしょう。

　とにもかくにも、老後の資金を考えるときには、確定拠出年金は最重要アイテムだといえます。ぜひ頭に入れておいてほしいものです。


　お金を貯める際に、一番、手っ取り早く、安全な金融商品となると定期預金ですよね？元本割れする心配もほとんどないし、普通の預金よりは利子が高くなっています。だから、とりあえず貯金するときには定期預金にしている人も多いのではないでしょうか？

　この定期預金と、確定拠出年金を比べてみたいと思います。

　あまり気づいていないかもしれませんが、この定期預金には、二度、税金がかかっています。

　一度目は、定期預金の資金を得る際です。

　定期預金にするためのお金というのは、給料などの収入から調達したものですよね？サラリーマンならば、給料をもらって、生活費などを差し引いた余剰分を定期預金に充てますよね？

この給料には、所得税、住民税がかかっています。だから、定期預金に預けるお金というのは、所得税、住民税が払った後の残額であり、つまりは課税後のお金ということなのです。

しかし確定拠出年金というのは、所得税、住民税がかかりません。だから、この時点で、所得税、住民税分を得していることになります。平均的サラリーマンで、15%程度です。

そして、定期預金にはさらにもう一回税金がかかります。

それは、利子に対してです。

昨今の低金利時代では、定期預金などの利子は微々たるものです。が、それでも利子自体はあります。この少ない少ない利子に対して、20%もの税金が課せられるのです。それを考えれば利子などはないも同然ですよね？

この二つの税金分を考えれば、定期預金と確定拠出年金は、平均的なサラリーマンでも15～20%くらいの違いがあるといえます。

つまり、同じような負担であっても、定期預金ならば、月8千円しか貯まらないのに、確定拠出年金ならば、月1万円貯まるということなのです。

これが何十年も積み重なれば、相当な差となるはずです。

公務員も入れる

以前、公務員は、「手厚い年金制度がある」ということで確定拠出年金には入れませんでした。

しかし2017年の確定拠出年金の改正により、公務員も入れるようになりました。

以前の公務員の年金は、共済年金という「職域加算部分」というものがあり、非常に手厚い年金制度がありました。

が、官民格差を解消するために、2015年10月、公務員の共済年金も、普通のサラリーマンと同様の「厚生年金」に吸収されることになり、「職域加算部分」も廃止されました。公務員には、新たに「年金払い退職給付」という制度がつくられ、「職域加算」廃止を若干カバーすることになっています。

しかし、今後、公務員の年金制度が、普通のサラリーマンに近くなっていくことは間違いないことです。

そういう公務員の年金生活を補うために、2017年から公務員も確定拠出年金に入れるようになったのです。

上限額は、月1万2千円なので、決して多くはありません。が、あるのとないのとでは、全然違うでしょう。

単純に、月1万2千円を20年間、加入すれば、老後20年にわたって、月1万2千円程度が年金に加算されるのです。年金生活での月1万2千円というのは、かなり大きいといえます。しかも、月1万2千円を掛けていれば、平均的な公務員の場合で、だいたい3万~4万円の節税になります。


そもそも公務員は、「老後生活は恵まれている」という風にいわれてきましたが、現場にいる人にとっては決してそうではありません。

公務員の場合は、元々の給料が大企業に比べれば高くないので、年金の額も相応のものになります。

夫婦ともに公務員などの場合は、けっこう豊かな老後となりますが、夫が公務員で妻は専業主婦やパートなどの場合、決してそう豊かではありません。

公務員の中には、個人年金に加入している人も多々いました。

筆者が勤務していた税務署では、半数くらいの人は個人年金に加入していたと思われます。

個人年金というのは、前述しましたように民間の金融商品としての「年金」に入るのです。それはもちろん、将来の年金を補完するためです。

しかし、民間の個人年金に入るよりも、確定拠出年金に入る方が、よほどメリットがあります。

民間の個人年金にも税金の優遇措置はありますが、確定拠出年金のそれとは比べものにならないからです。

たとえば、掛け金が月1万2千円の場合、前述のように確定拠出年金では平均的サラリーマンは年間3万～4万円の節税になりますが、民間の個人年金ではせいぜい1万数千円です。

個人年金に加入している公務員の方は、迷わず、その分の掛け金を確定拠出年金に回すべきでしょう。

公務員が加入できるのは、「個人型確定拠出年金」です。

「個人型確定拠出年金」は、個人が直接、金融機関などに申し込んで加入するものなので、公務員の場合も、自分で手続きを行うことになります。また窓口の金融機関では、公務員であることの証明が必要となります。それは職場に申請してもらってください。

公務員の確定拠出年金の加入条件

●加入条件
・満20歳以上60歳未満
●拠出限度額
・月1万2千円、年間14万4千円まで

NISAとは？

最近、よく証券会社などが「株式投資などで税金がかからない」という「NISA」の宣伝をしています。耳にしたことがある方も多いと思います。

このNISAは、株式投資などをする人にとっては、非常に有効なツールです。

株式投資、投資信託などの配当金、値上がり益に対する税金は、大まかにいって20・315%の税金（所得税、住民税を含む）がかかります。申告の方法によっては、この税率ではないケースもあるのですが、ほとんどの人は20・315%の税率が一番有利となります。

この一律20・315％の税金というのは、ちょうど平均的なサラリーマンの所得税、住民税の税率と同じ程度になっています。

この20・315％の税金をかからなくする方法がNISAです。

NISAというのは年間360万円までの投資であれば、そこから得た値上がり益や配当金（分配金）は非課税になる、という制度です。この枠を5年間得ることができます。だから最大枠が1800万円となります。

つまり、年間360万円、5年間合計1800万円までの投資であれば、その収益には税金がかからないということです。株式投資などをしている人、しようと思っている人にとっては、絶対に知っておきたい知識です。

NISAには、「つみたて投資枠」と「成長投資枠」というものがあります。

「つみたて投資枠」は、年間120万円まで政府が指定した金融商品に投資できます。

「成長投資枠」は年間240万円までを自分で選んだ株式や投資信託などに投資することができます（一部の高リスクな金融商品を除いて）。そして「つみたて投資枠」と「成長投資枠」を合わせた360万円が、NISAの年間投資限度額ということです。

NISAは危険なのか？

このNISAという制度は、2023年に大きく改正されています。それまでは、年間120万円だった投資枠が一挙に3倍に拡大されたのです。

この新NISAは、国や金融機関がけたたましく喧伝する一方で、「新NISAは危ない」というような言説もチラホラ見かけます。

本当のところはどうなのでしょうか？

投資をするには、いいことづくめのように見える新NISAに関して、

「新NISAは損をする。国に騙されるな」

というような説が一部では言われているのです。

経済評論家の森永卓郎氏や荻原博子氏なども、「新NISAをしてはいけない」というようなことを言っておられます。

筆者は、経済評論家としての森永卓郎氏を敬愛しておりますし、彼の言説を大いに参考にしている面もあります。もちろん、彼の主張すべてに賛同するというわけではありません。

この「新NISAはしない方がいい」という説についても、少し言い過ぎというか、言

葉足らずの点があると思われます。

森永卓郎氏が「NISAをしない方がいい」と言っている理由をざっくり言うと「今後株価が下がるから」ということです。

前述したように「NISA」には「つみたて投資枠」と「成長投資枠」という制度があります。

「つみたて投資枠」は、年間120万円まで政府が指定した金融商品に投資できる、という制度です。このつみたてNISAの対象になっている金融商品のほとんどが、今後、世界経済や日本経済が順当に成長したときに儲けが出る商品となっています。逆にいえば、世界経済や日本経済が大きく失速したような場合は、大損になることもあるのです。

そして森永卓郎氏は、「現在の世界の株価はバブルの状態になっており、必ず遠くないうちにバブルが崩壊する」と述べられています。

だから森永卓郎氏は、「NISAはしてはならない」と言われているわけです。

が、新NISAには、「つみたて投資枠」のほかに「成長投資枠」というものがあります。「成長投資枠」は「つみたて投資枠」の2倍の年間240万円となっています。この「成長投資枠」というのは、投資する株式や投資信託などを、自分で自由に選ぶことができます。

そして投資信託の商品の中には、企業に投資するだけではなく「金」や「プラチナ」に投資するという商品もあります。そういう金融商品を新NISAで購入すれば、金やプラチナを購入するのと同じようなリスクヘッジが可能なのです。

また投資信託の商品の中には、「株価が下降したときに値が上がる」というような、逆張りの商品もあります。

こういう商品を購入しておけば、森永氏が言うような「世界経済が失速したとき」のリスクヘッジにもなるわけです。

つまりNISAは、森永卓郎氏の予測通りに「世界規模でのバブルの崩壊」が起きたとして、そのリスクヘッジとしての利用もできるのです。

NISAは、その仕組みだけを見れば、売買益や配当金に税金が課せられないのだから、普通に投資をするよりは、有利な面が大きいといえます。

NISAを安易に推奨する国や金融機関のいうことを鵜呑みにするのではなく、金融投資には大きなリスクがあることや、森永氏のいうように今後、世界規模のバブル崩壊が起こる可能性もあることは、念頭に置いておくべきでしょう。

が、自分の資産を守るリスクヘッジの方法として、新NISAを排除すべきではないと筆者は思います。つまりは、特徴をよく理解した上で、有利な部分に関しては「賢く使うべき」だということです。

NISAのもう一つのデメリット

ＮＩＳＡは「投資」であり、元本が割れるリスクは多々あるということを前述しましたが、ＮＩＳＡにはもう一つ大きなデメリットがあります。

ＮＩＳＡは、利益が出たときには非課税となっていますが、損が出たときの税制上の救済措置はまったくないのです。

ＮＩＳＡを使わない普通の株投資では、一つの株で損が出たときには、他の株の儲けと合算して計算することができます。そして、年間の合算額に赤字が生じた場合には、その赤字を翌年以降（3年間）に持ち越すことができるのです。

たとえば、Ａの株で200万円儲けても、Ｂの株で200万円損したならば、所得は差し引きゼロということになります。

また株の取引1年目で200万円の赤字が出て、2年目には200万円の黒字が出たとします。この2年目の収支は、前年の赤字が繰り入れられるので、差し引きゼロになるというわけです。この赤字の繰り越しが3年間可能なわけです。

しかしNISAでは、赤字の通算や、繰り越しということができません。だから赤字が出るような場合は、NISAは不利なのです。森永卓郎氏や荻原博子氏が「NISAはやめた方がいい」と言っているのは、この点も大きな理由なのです。

NISAの場合は、少数の株を長期間持っていて配当金で収入を得たいというような人には向いていますが、株の売買を頻繁に行って利ザヤを稼ぎたいという人には、向いていないといえます。

NISAを始める方法

NISAを始めるには、証券会社に口座をつくらなければなりません。

現在、証券会社各社にとって、NISAの口座開設はドル箱ですので、どの証券会社も問い合わせをすれば、喜んで馳せ参じてくれるでしょう。

ただ対面販売の証券会社よりも、ネットの証券会社の方が、株の売買手数料が安くて済みます。なので、ネットで証券口座を作れる人は、ネットの証券会社を利用した方がいいでしょう。ネットでの証券口座の開設は、そう難しいものではありません。先方から送られてくる書類に、必要事項を記載するだけです。クレジットカードの申し込み程度の作業で済みます。

　でも、今まで証券口座を作ったことがない人は、いろいろ不安でしょうから、ＮＩＳＡの内容などを詳しく聞きたい人は、無理をせずに対面の証券会社で作りましょう。

　また証券会社は、いろいろ選べますので、いくつかの証券会社をじっくり検討してみましょう。一つの証券会社で説明を受けて、それですべてお任せするようなことは避けた方がいいでしょう。

　なぜなら一旦、証券会社でＮＩＳＡの口座を作った場合は、他社に乗り換えるときに非常に面倒な手続きが必要となるのです。自分はどういう投資をするのかをまず決めて、各証券会社がどういうときに手数料がいくらかかるのか、などを詳細に検討してから口座をつくってください。

　くれぐれも、ＮＩＳＡといっても、普通の株式投資、投資信託と変わりませんので、相当のリスクがあることは覚悟してください。

第7章

還付の手続きは超簡単

税金還付を受ける二つの方法

ここまで、サラリーマンの税金が還ってくるというお話をしてきました。

でも、具体的にどうやって税金還付を受ければいいかわからない、という方も多いでしょう。

なので、この章では、サラリーマンの方が、税金還付を受けるために具体的な方法をご紹介していきたいと思います。

サラリーマンの税金還付には、二つの方法があります。

一つは、会社に申請して、会社が手続きをやってくれるというパターン。

もう一つは、会社では手続きが完了しないので、自分で確定申告をしなければならない、というパターンです。

まず一つ目の、会社に申請するだけでいい、というパターンからご説明します。

サラリーマンの節税策の中には、会社に申告するだけで完結するものも多々あります。

つまりは、税務署に行かなくていい、確定申告もしなくていい、というわけです。

たとえば、扶養控除の追加。これは、会社に「扶養控除等届出書」を出すだけでいいのです。この「扶養控除等届出書」は、春先に会社の方から「これを出してくれ」といって、

サラリーマンの節税の手続き

自分で手続きをしなくてはならない主なもの	会社に書類を出すだけでいい主なもの
・ふるさと納税 ・医療費控除 ・家族分の社会保険料控除 ・雑損控除	・確定拠出年金 ・扶養控除 ・配偶者控除 ・生命保険料等控除 ・個人年金保険料控除 ・介護保険料控除 ・地震保険控除 ・寡夫、寡婦控除

＊ただし、会社に書類を出すだけでいいものであっても、過去の分など、場合によっては確定申告が必要なこともあります。自分の節税策が、確定申告をしなければならないものかどうかは、会社か税務署に相談してみてください。また会社に提出し忘れた場合は、自分で確定申告すれば還付を受けることができます。

書類を配布してくれます。

それに記載すればいいだけなのです。もし老親を扶養に入れようとか、会社をやめた息子を扶養に入れようというようなときでも、この「扶養控除等届出書」に記入するだけでいいのです。特別な手続きは一切必要ないのです。会社から何か言われれば「今年から扶養することになった」などと言っておきましょう。

また生命保険料等控除なども同様です。

会社が、生命保険料等控除の申請書を配布してくれますので、それに記載すればいいだけです。

これは、サラリーマンの強みでもあります。

というのも、自営業者やフリーランサーなどの場合は、どんな節税であっても、自分で確定申告をつくり税務署に提出して初めて完了するものです。会社に書類一枚を出すだけで、節税になる方法などありません。

ただし、会社によっては、扶養控除を増やそうとするときに、うるさく追求してくる場合や、なかには認めてくれない場合もあります。その際には、税務署で確定申告をし、会社には「税務署が認めているから」とこう言って説得しましょう。

また会社に書類を提出した後で、変更があった場合でも、年末調整の前であれば、会社にそれを言うだけで手続きを完了します。

もし、年末調整が終わっていれば、そのときは税務署に確定申告をすればいいのです。

サラリーマンの確定申告は税務署で相談しながら

で、次に確定申告をするパターンについてご説明します。

前項の表に掲げたように、ふるさと納税などは、会社で手続きをすることはできないので、税務署で確定申告をしなくてはなりません。

が、サラリーマンにとって、確定申告というものは、非常に敷居が高いものでしょう。数万円の税金が戻ってくるとわかっていても、確定申告に行きたくなくて、二の足を踏んでいる方もけっこういるのではないでしょうか？

が、最初に念頭に置いていただきたいのは、サラリーマンの確定申告は非常に簡単だということです。本章を読めば、サラリーマンの確定申告がいかに簡単かということがわかると思います。

まずサラリーマンの確定申告の大半は、基本的に税務署が全部やってくれる、ということです。

税務署は毎年、2月15日から3月15日までの確定申告の時期に申告相談というのをしています。

これはこの期間に税務署に行けば、税理士や税務署員が無料で申告書をつくってくれるというサービスです。これを使えば、面倒な申告書を税務署が全部つくってくれるわけです。

サラリーマンの場合、これを利用すれば、ほとんどの還付申告ができます。

サラリーマンは税務署と税法の解釈でもめたりするケースはあまりないので、税務署に全部任せておいて大丈夫なのです。

税務署員というと怖い人というイメージを持っている方も多いかもしれませんが、決してそういうことはありません。

税務署というのは、窓口の対応に関しては、厳しく指導されており、「窓口対応のいい官庁」として常に上位にランクされています。窓口の人は、とても親切ですし対応に慣れています。

なので、安心して、税務署に行ってください。

領収書は税務署に見せない方がいい

サラリーマンの確定申告は税務署に相談しながらやった方がいい、ということをお話してきましたが、実は、全部が全部、税務署にやってもらうのは得策ではありません。申告内容によっては、税務署にやってもらわずに、自分でやったほうがいいケースもあります。

それは具体的にいえば、副業や医療費控除の領収書の整理集計です。

領収書の整理集計をせずに、そのまま税務署にもっていけば、税務署員は、領収書を見てチェックしながら、申告書を作っていくわけです。

このときに若干、問題が生じるのです。自分ではこの領収書は大丈夫と思っても、税務署員が疑問を呈することがあるのです。

たとえば医療費控除で、通院の際、体調が悪くてタクシーを利用した場合は医療費として認められる、ということを前に述べましたが、体調が悪いかどうかは本人にしかわかりません。

このとき、税務署としては、なるべく医療費控除を多くさせたくないので、厳しくチェックするのです。

医療費控除というのは、曖昧な部分が非常に多いのです。ＯＫともＮＧともとれるケースがたくさんあるのです。

でも税務署員が申告書を作る場合は、曖昧な部分はすべてＮＧとされ、税金は高い方に高い方に誘導されます。

「通院のタクシー代は、基本的に医療費には認められませんよ」

という具合にです。

納税者側としては、「いや、このときは体調が悪かったので、タクシーを使ったんです」とはっきり言い返せばいいのですが、税務署員を前にしてはなかなかそういうことは難しいものです。

医療費控除の場合は、税法的にグレーゾーンが多く、税務署員が難癖をつけてくる可能性は多々あるのです。そういう面倒を避けるためには、自分で申告書をつくることが重要なのです。

自分で申告書をつくって、医療費控除を申請すれば、それを税務署がハネル可能性はほとんどありません。税務申告というのは、基本的に「申告されたものを正しいとみなす」という原則があるのです。税務当局は、申告が明確に間違っているということが判明しない限り、申告を是正したり、申告を受け付けない、というようなことはできないのです。

だから、医療費控除の場合も、申告してしまえば、それを税務署が覆すことはとても難しいのです。

税務署で申告書だけを作ってもらう方法

副業や医療費控除の場合も、申告書の作成は全部自分でやる必要はないのです。

税務署員から文句を言われやすいのは、領収書の内容なので、領収書の集計は全部自分で出して、封筒に入れて封入してしまうのです。封筒は、どんな形のものでも構いませんが、医療費控除の領収書用の封筒は、税務署にも専用のものが用意されているので、それを使ってもいいでしょう。

その上で、最終的な申告書の作成だけを税務署員にやってもらうのです。

集計もせずに、領収書の束をどっさりと持っていけば、税務署員としても面倒くさいものです。だから、領収書をチェックして、少しでも税金を取ってやろうなどという意地悪心が働いたりもします。

でも、領収書がきちんと整理され集計もできていれば、税務署員としても楽ですので、すぐに申告書を作ってくれます。

ただ、たまに暇な税務署員がいて、領収書の中身をチェックしたりすることもあります。それは、うまくかわしてください。

税務署員がもし変な質問してきたら、きっぱりと返答することです。

たとえば、「このタクシー代は、本当に必要だったんですか？」と聞かれれば、「非常に具合が悪くて、とても電車では行けなかったので、タクシーを使いました」とはっきり言いましょう。

後で詳しく述べますが、税務署員というのは、少しでも多くの税金を取ろうとします。それも、常に正しいわけではなく、誤った方法ででも、税金を取ろうとするのです。

彼らは、仕事として「税金をたくさん取ること」を課せられています。そして彼らは〝仕事熱心〟なあまり、行き過ぎたことも時々やらかすのです。

納税者には彼らの行き過ぎに対して、抗議をする権利があります。というより、彼らが行き過ぎた行為をした場合は、それ自体が罰則の対象となるのです。

で、サラリーマンの方に、肝に銘じていていただきたいのは、税務署員というのは、絶対に正しいわけでも、彼らの言うことを必ず聞かなくてはならないわけでもありません。

だから、自分の主張すべきことはきっちり主張すればいいのです。

還付申告はいつでもできる

そして、サラリーマンの還付申告は、原則としていつでもいいのです。

確定申告は、前年の収入などに対して申告するものなので、年が明けて税務署が開けば（通常1月4日）、その後はいつでもいいのです。

確定申告というと、2月15日から3月15日までの期間に提出しなければならない、と思っている人が多いようです。国税庁もテレビなどでそう宣伝していますからね。

しかし、実は還付申告（税金が戻ってくる申告）の場合はいつでもできるのです。

2月15日以前にしてもいいし、3月15日以降にしてもいいのです。

だから還付申告をする場合は、わざわざ人の多い2月、3月にする必要はなく、自分の空いた日にすればいいのです。

これであれば忙しいサラリーマンでも、申告できるでしょう？

正月休みの間に税務署に行ったっていいわけです。

また昨今では、確定申告期間中の何回かは、日曜日も税務署が開庁するようになっています（一部の税務署では開庁しない場合もあり）。なので、平日には行く暇がないという人は、こういうのを利用してください。

奥さんが代理で確定申告をすることも可能

サラリーマンの還付申告は、一年中いつでもできる、日曜日でもできる日がある、ということをご紹介しましたが、忙しいビジネスマンの方々には、それでも税務署に行く暇がない、という方もおられるでしょう。

そういう方のために、さらなる方法をご紹介しましょう。

それは、奥さんや家族が代理で確定申告をする、という方法です。

やり方は簡単です。

奥さんや家族に必要書類だけ持たせて、税務署に行ってもらえばいいのです。

この際には、委任状などは必要ありません。ただし、本人の身分証明書のコピーは持っていきましょう。

そして奥さんが税務署に行って「主人の代わりに確定申告に来ました」と言って、必要書類を税務署員に見せれば、あとは税務署員が申告書をつくってくれます。

これで、どんなに忙しい方でも、確定申告はできるはずです。

それでも無理という方は、ご自分で確定申告書を作成しましょう。

最初に税務署に必要書類を問い合わせておこう

で、税務署に行く前には、必ず税務署に電話をして必要書類の確認をしておきましょう。

還付申告の種類によっては、必要書類が違ってきますし、住宅ローン控除などは、かなりの書類が必要ですからね。

官庁というところは、融通が利かないので、必要な書類がそろっていないと、受け付けてくれないことが多いものです。

そうなると、二度手間ということになってしまいます。なので、まずは必要書類を確認することです。

サラリーマンの確定申告では、まず欠かせないのが源泉徴収票と身分証明書です。

サラリーマンは5年前までさかのぼって確定申告できる

本書を読んで、自分にも該当する節税策がある人は相当おられると思います。

が、実は該当していたんだけど、それは昔の分、というような方もけっこういるのではないでしょうか？

たとえば、能登半島地震のときに、家が被災して修理したけれど、雑損控除を受けていなかった、とか。家族の社会保険料を以前から払っていたけれど、控除をしていなかったとか。

でも、サラリーマンの場合、そういう方でも還付申告が受けられるのです。

というのも、まだ一度も確定申告をしていない方（サラリーマンなど）は、5年前までさかのぼって確定申告ができるのです。

事業者などで、毎年、確定申告をしている人は、1年前のものしかさかのぼることはできないのですが、一度も確定申告をしていないサラリーマンなどは、5年間大丈夫なのです（ただし、サラリーマンでも過去に確定申告している場合は、確定申告した年の分は、さかのぼって確定申告をやり直すことはできません）。

なので、本書を読んで、控除のし忘れに気付いた人は、5年前分までのものは確定申告ができます。

税金の払い過ぎは自分で言わないと還付されない

最近、「情報弱者」などという言葉がありますが、情報弱者が一番ひどい目に遭うのが税金といえます。サラリーマンは「公平課税」と思っていますが、それは大間違いです。

源泉徴収という制度は完全じゃなく、税金が過払いになっているケースもあります。普通だったら、過払いになっていれば、向こうから返してくれそうなものです。

でも、税金の場合、基本的には税務当局の方から、「税金が過払いになっていますよ」とは言ってくれないのです。

たとえば、2章で紹介した退職した人の場合。退職した人は、退職した時点で会社の関与は終わってしまいます。

でも、前述したように税金（所得税）というのは、年間を通しての所得に対してかかってくるものです。年の途中で仕事をやめたということは、年末調整が行われておらず、税金の計算はきちんとされていないということなのです。

しかし、税務当局はそのことをきちんと教えてくれていないのです。

退職して再就職していない人が税金を納めすぎになっていることは、あまり知られていないので、かなり多くの人が税金を納め過ぎになっているはずです。

そして、サラリーマンの方々にとっては、非常に違和感があることかと思われますが、税金を納め過ぎている場合、請求しなければ戻ってこないのです。

公共料金とか、民間のサービス関係ならば、お金を払い過ぎていたら、必ず戻してくれます。戻してくれなかったら「不当だ」として大変なことになりますからね。

でも、税金の場合は、そうではないんです。

納め過ぎの場合（税務署が誤って取り過ぎた場合を除いて）、自分が言わなければ返してくれないのです。

もし税金を納めていなかったり、納めた金額が足りなかったりすれば、税務署は督促をします。でも、納めすぎた税金を税務署の方から自動的に返すなんてことは絶対にないのです。これが民間企業の取引だったら大問題になるところです。

これは税制上の欠陥なのですが、当面は改善される見込みはなさそうですので、自分で取り戻さなくてはなりません。

だから、サラリーマンもしっかり税金に関して知識武装をしておかなくてはならないのです。

大村大次郎（おおむら・おおじろう）
元国税調査官。国税局に10年間、主に法人税担当調査官として勤務。退職後、ビジネス関連を中心としたフリーライターとなる。単行本執筆、雑誌寄稿、ラジオ出演、『マルサ!!』（フジテレビ系）や『ナサケの女』（テレビ朝日系）の監修等で活躍している。ベストセラーとなった『あらゆる領収書は経費で落とせる』（中公新書ラクレ）をはじめ、税金・会計関連の著書多数。
一方、学生のころよりお金や経済の歴史研究を続けており、『脱税の世界史』（宝島社）など「歴史を経済で読み解く」ジャンルの本も多く執筆し、好評を博している。YouTubeで「大村大次郎チャンネル」配信中。

カバーデザイン／藤牧朝子
本文デザイン・DTP／G-clef（山本秀一、山本深雪）

知らないと大損！
サラリーマンが税金を取り戻す完全マニュアル

2024年6月7日　第1刷発行

著　者　大村大次郎
発行人　関川 誠
発行所　株式会社宝島社
〒102-8388
東京都千代田区一番町25番地
電話　営業　03-3234-4621
　　　編集　03-3239-0928
https://tkj.jp
印刷・製本　サンケイ総合印刷株式会社

ISBN 978-4-299-05640-5